© Assimil 2013
ISBN 978-2-7005-0550-4
ISSN 2266-1158

Création graphique : Atwazart

Espagnol

Juan Córdoba
&
Belén Ausejo Aldazábal

B.P. 25
94431 Chennevières sur Marne cedex
France

Cet ouvrage ne prétend pas remplacer un cours de langue, mais si vous investissez un peu de temps dans sa lecture et apprenez quelques phrases, vous pourrez très vite communiquer. Tout sera alors différent, vous vivrez une expérience nouvelle.

Un conseil : ne cherchez pas la perfection ! Vos interlocuteurs vous pardonneront volontiers les petites fautes que vous pourriez commettre au début. **Le plus important, c'est d'abandonner vos complexes et d'oser parler.**

Partie I
INTRODUCTION — 9

Comment utiliser ce guide 9
L'Espagne, faits et chiffres 10
Un peu d'histoire 11
La langue espagnole 12

Partie II
INITIATION À L'ESPAGNOL — 15

Du 1er jour au 21e jour 15

Partie III
CONVERSATION — 57

Premiers contacts 57
  Salutations 57
  Pour prendre congé 58
  Pour s'adresser aux personnes 58
  Souhaits 58
  Accords, désaccords 59
  Questions, réponses 59
  Pour remercier 61
  Langage du corps 61
  Langues et compréhension 61

Rencontre et présentation 62
  Se rencontrer 62
  Se présenter ou présenter quelqu'un 63
  Dire d'où l'on vient 64
  Dire son âge 65
  Famille 65
  Emploi, occupation, études 67
  Religion, traditions 69

Le temps qu'il fait	70
Sentiments et opinions	71
Invitation, visite	72
Un rendez-vous ?	72
La drague et l'amour	73

Temps, dates et fêtes **77**
  Dire l'heure 77
  Dire une date 78
  Vocabulaire du temps, des jours et des saisons 80
  Jours fériés 82

Appel à l'aide **83**
  Urgences 83
  Sur la route 84

Panneaux et sigles **84**
  Panneaux 84
  Abréviations courantes et sigles 86

Voyager **87**
  Contrôle de passeports et douane 87
  Change 88
  En avion 88
  En autocar et en train 90
  En bateau 92
  En taxi 92
  Les deux-roues 93
  Location de voiture 93
  Circuler en voiture 94

En ville **96**
  Trouver son chemin 96
  Indiquer son chemin à quelqu'un 96

Métro et bus	97
Visite d'expositions, musées, sites	98
Autres curiosités	99
À la poste	99
Au téléphone	100
Internet	102
L'administration	102
À la banque	103
Sorties au cinéma, au théâtre et au concert	104
Chez le coiffeur	104

À la campagne, à la plage, à la montagne... — 105

Sports de loisir	105
À la piscine, à la plage	107
Camper et camping	108
Arbres et plantes sauvages	109
Animaux (gibier, oiseaux, poissons)	110
Insectes	111

Hébergement — 113

Réservations d'hôtel	113
À la réception	114
Vocabulaire des services et du petit-déjeuner	115
En cas de petits problèmes...	116
Régler la note	117

Nourriture — 117

Les tapas	117
Au restaurant	119
Spécialités et plats traditionnels	122
Vocabulaire des mets et produits	123
Façons de préparer les plats et sauces	128

Fromages	129
Boissons alcoolisées	130
Autres boissons	131

Achats et souvenirs — 132

Magasins et services	132
Livres, revues, journaux, musique	135
Blanchisserie, teinturerie	136
Vêtements et chaussures	137
Bureau de tabac	141
Photo	141
Provisions	142
Souvenirs	144

Rendez-vous professionnels — 144

Fixer un rendez-vous	144
Visiter l'entreprise	145
Vocabulaire de l'entreprise	146
Salons et expositions	148

Santé — 148

Chez le médecin, aux urgences	148
Symptômes	149
Douleurs et parties du corps	150
Santé de la femme	152
Soins médicaux	152
Chez le dentiste	153
Chez l'opticien	154
Pharmacie	154

Partie IV — INDEX THÉMATIQUE — 157

Introduction

⌐ **Comment utiliser ce guide**

La partie "Initiation"

Vous disposez d'une petite demi-heure quotidienne ? Vous avez trois semaines devant vous ? Alors commencez par la partie "Initiation", 21 mini-leçons qui vous donnent sans complications inutiles les bases de l'espagnol, celles dont vous aurez besoin pour comprendre vos interlocuteurs et vous adresser à eux :
– découvrez la leçon du jour en vous aidant de la transcription phonétique fournie sous chaque phrase. La dernière ligne de chaque entité numérotée vous donne la traduction mot à mot de la phrase afin de vous familiariser avec la structure de la langue ;
– lisez ensuite les brèves explications grammaticales : elles vous expliquent quelques mécanismes linguistiques que vous pourrez réutiliser avec facilité ;
– faites le petit exercice final, vérifiez que vous avez tout juste… et dès le lendemain, passez à la leçon suivante ! La régularité de votre apprentissage conditionne l'efficacité de notre méthodologie.

La partie "Conversation"

Pour être à l'aise dans toutes les situations courantes auxquelles vous serez confronté durant votre voyage, la partie "Conversation" de ce guide vous propose une batterie complète d'outils : du vocabulaire, bien sûr, mais aussi des structures de phrase variées que vous pourrez réutiliser en contexte. Vous le verrez, tous les mots espagnols sont accompagnés de leur traduction et d'une transcription figurée simple qui vous donne à voir comment les prononcer. Même si vous n'avez aucune connaissance préalable de l'espagnol, ce "kit de survie" prêt à l'emploi fera de vous un voyageur autonome.

↗ L'Espagne, faits et chiffres

Superficie	504 800 km²
Population	47 190 000 habitants (1er janvier 2011)
Capitale	Madrid
Frontières maritimes	Mer Cantabrique, Océan Atlantique, Mer Méditerranée
Frontières terrestres	France, Portugal, Andorre, Maroc, Royaume-Uni (Gibraltar)
Langues officielles	Espagnol (castillan) sur tout le territoire. Langues régionales co-officielles : galicien (Galice), euskera (Pays basque), catalan (Catalogne, Baléares), valencien (Communauté valencienne).
Régime politique	Monarchie constitutionnelle. L'Espagne se compose de 17 communautés autonomes, plus les deux villes autonomes de Ceuta et Melilla sur la côte marocaine.
Fête nationale	12 octobre (anniversaire de l'arrivée de Christophe Colomb en Amérique)
Religions	Religion catholique très majoritaire (75 %), autres cultes (3 %), athées et non-croyants (+ de 20 %)

On dit que l'Espagne a la forme imaginaire d'une *peau de taureau* ouverte : **la piel de toro**.

Au rang des 15 premières économies mondiales, l'Espagne fut longtemps une terre d'émigration. Au milieu des années 80, la situation s'est inversée : l'Espagne, portée par un modèle de développement basé sur l'immobilier (**la burbuja inmobiliaria**, *la bulle immobilière*), a alors accueilli en presque vingt ans huit fois plus d'immigrés que la France. Mais, depuis 2008, les problèmes qui affectent l'économie mondiale ont spécialement frappé l'Espagne : son modèle de développement s'est brutalement effondré, poussant les chiffres du chômage à des niveaux records. Le pays – dont la population résidente a commencé à décroître en 2011 – est entré dans une période de mutation profonde.

↗ Un peu d'histoire

711-1492 : sept siècles de présence musulmane

711 marque le début de la grande conquête musulmane, qui s'étend en quelques années jusqu'à Poitiers (732). La péninsule est presque entièrement occupée. On donne le nom de **Reconquista** au très long mouvement de reconquête du territoire par les royaumes chrétiens du Nord, qui ne finit qu'en 1492 avec la prise de Grenade par les Rois Catholiques.

Sept siècles de présence musulmane ont marqué la culture espagnole, son paysage et même sa langue. En plus d'exceptionnels monuments (la Mosquée de Cordoue, le Palais de l'Alhambra …), les Arabes ont laissé en Espagne des milliers de mots très usuels : **azúcar** (*sucre*), **arroz** (*riz*), **aceite** (*huile*), etc. Plus généralement, c'est à travers la péninsule ibérique que l'Europe a récupéré tout le legs scientifique de l'Antiquité (médecine, physique, astronomie…), traduit du grec par les Arabes puis retraduit en latin par les chrétiens espagnols.

1492 : l'aventure américaine

1492 est une date-clé pour une autre raison : le 12 octobre, Christophe Colomb pose le pied en Amérique pour le compte des Rois Catholiques. En 40 ans de **Conquista**, l'Espagne se rend maîtresse du continent américain depuis le Mexique jusqu'à l'Argentine (seul le Brésil passe sous domination portugaise).

Au XVIe siècle, l'Espagne domine le monde, à la tête d'un empire « sur lequel le soleil ne se couche jamais ».

De la Guerre civile au rétablissement de la démocratie

Préambule à la Seconde Guerre mondiale, une féroce guerre civile déchire l'Espagne entre 1936 et 1939 : elle oppose les partisans du **Frente Popular** à une insurrection militaire soutenue par l'Allemagne et l'Italie. En avril 1939, Franco fait son entrée dans Madrid : il impose au pays, jusqu'à sa mort en 1975, un « national-catholicisme » excluant l'exercice des libertés publiques.
Au terme d'une transition réussie où le jeune roi Juan Carlos joue un rôle-clé, l'Espagne retrouve la normalité démocratique en 1978, avec l'adoption d'une nouvelle constitution. Une alternance politique apaisée voit à présent se succéder au pouvoir le **PSOE** (**Partido Socialista Obrero Español**) et le **PP** (**Partido Popular**).

↗ La langue espagnole

L'*espagnol*, appelé **español** et aussi **castellano**, *castillan*, est la langue maternelle de plus de 400 millions de personnes, ce qui la place au 2e rang mondial après le chinois mandarin. Parlée dans les 21 pays où elle est langue officielle, c'est également la langue d'usage de plus de 20 millions de personnes aux États-Unis.

L'alphabet

L'alphabet espagnol comprend 27 lettres, les mêmes qu'en français plus la **eñe**, écrite **ñ**.
a *[a]*, **b** *[bé]*, **c** *[Zé]*, **d** *[dé]*, **e** *[é]*, **f** *[éfé]*, **g** *[Hé]*, **h** *[atché]*, **i** *[i]*, **j** *[Hota]*, **k** *[ca]*, **l** *[élé]*, **m** *[émé]*, **n** *[éné]*, **ñ** *[égné]*, **o** *[o]*, **p** *[pé]*, **q** *[cou]*, **r** *[érré]*, **s** *[éssé]*, **t** *[té]*, **u** *[ou]*, **v** *[oubé]*, **w** *[oubé doblé]*, **x** *[équiss]*, **y** *[i gRiéga]*, **z** *[Zéta]*.

La prononciation

La première chose à éviter, c'est de prononcer l'espagnol « à la française », en insistant systématiquement sur la dernière syllabe : *Picasso, corrida, paella*. Pour vous faciliter les choses, nous indiquerons toujours en gras la syllabe tonique dans la transcription phonétique.
L'autre difficulté pour les francophones consiste à rouler les R (roulements doux et dur) et à prononcer **la jota** (comme un R raclé du fond de la gorge).
Retenez aussi que :
- dans les groupes **ge** et **gi**, **g** se prononce comme une **jota** : **la gente** *[la Hé'nté], les gens* ; **gitano** *[Hitano], gitan* ;
- dans les groupes **ga**, **gue**, **gui**, **go**, **gu**, **g** se prononce comme en français : **Miguel** *[miguél]* (et non pas *[migouél]*) ;
- dans les groupes **za**, **ce**, **ci**, **zo**, **zu**, **z** et **c** se prononcent comme un *th* dur anglais (***think***), la langue entre les dents : **cine** *[Ziné], cinéma*.

Initiation

↗ 1er jour

¿Cómo te llamas?
Comment tu t'appelles ?

1 **¡Hola! ¿Cómo te llamas?**
 *o*la *co*mo té ly*a*mass
 salut comment te tu-appelles
 Salut ! Comment t'appelles-tu ?

2 **Me llamo Pierre. Soy francés.**
 mé ly*a*mo Pierre s*o*ï fRa'n**Z**éss
 me j'appelle Pierre je-suis français
 Je m'appelle Pierre. Je suis français.

3 **Y tú, Marie, ¿de dónde eres?**
 i tou Marie dé **do'n**dé **é**Réss
 et toi Marie de où tu-es
 Et toi, Marie, d'où es-tu ?

4 **Yo también soy francesa.**
 yo ta'mbi**é'n** s*o*ï fRa'n**Z**éssa
 je aussi je-suis française
 Je suis française moi aussi.

Notes de grammaire
La ponctuation : les points d'interrogation et d'exclamation inversés indiquent la tonalité de la phrase à venir → **¡Hola! ¿Cómo te llamas?**

Le verbe : l'espagnol n'utilise le pronom personnel sujet que pour marquer une insistance. Ainsi, **soy**, je suis → **yo soy**, _moi, je suis_ ; **me llamo**, je m'appelle → **yo me llamo**, _moi, je m'appelle_. Voici les trois 1res personnes du singulier des verbes **ser**, être, et **llamarse**, s'appeler :

soy	je suis	me llamo	je m'appelle
eres	tu es	te llamas	tu t'appelles
es	il/elle est	se llama	il/elle s'appelle

Dire d'où l'on est : pour parler de la nationalité, on utilise **ser** suivi de l'adjectif accordé. Les adjectifs de nationalité s'accordent en genre de la manière suivante :
- les adjectifs terminés en **-o** ont un féminin en **-a** (**suizo** / **suiza**), mais ceux qui se terminent par une voyelle autre que **-o** sont invariables : **belga**, belge (m./f.) ; **canadiense**, canadien, canadienne ; **marroquí**, marocain, marocaine.
- aux adjectifs terminés par une consonne, on ajoute un **-a** pour former le féminin : **francés** / **francesa** ; **alemán** / **alemana**.

Entraînement – Traduisez les phrases suivantes
1. Je suis belge.
2. Je m'appelle Pierre, je suis suisse.
3. **¿De dónde es Marie?**
4. **¿Eres francesa?**

Solutions
1. **Soy belga.**
2. **Me llamo Pierre, soy suizo.**
3. D'où est Marie ?
4. Es-tu française ?

↗ 2ᵉ jour

Presentaciones
Présentations

1 **¡Buenos días, Laura! ¿Cómo estás?**
*bou**é**noss diass **la**ouRa **co**mo és**tass***
bons jours Laura comment tu-es
Bonjour, Laura ! Comment vas-tu ?

2 **¡Bien! Mira, te presento a una amiga francesa.**
*bi**é'n mi**Ra té pR**é**ss**é'n**to a **ou**na a**mi**ga fRa'n**Z**éssa*
bien regarde te je-présente à une amie française
Bien ! Tiens, je te présente une amie française.

3 **Encantado. Soy Rafa, un amigo de Laura.**
*é'nca'n**ta**do s**oï rra**fa ou'n a**mi**go dé **la**ouRa*
enchanté je-suis Rafa un ami de Laura
Enchanté. Je suis Rafa, un ami de Laura.

4 **Encantada. Soy Marie. Estoy de vacaciones en España.**
*é'nca'n**ta**da s**oï** Marie ésto**ï** dé bacaZi**o**néss é'n és**pa**gna*
enchantée je-suis Marie je-suis de vacances en Espagne
Enchantée. Je suis Marie. Je suis en vacances en Espagne.

Notes de grammaire
Les deux verbes «être» : on utilise **ser** pour parler de ce qui définit quelqu'un (nom, nationalité, etc.) → **Soy Marie**, *Je suis Marie* ; **Soy francesa**, *Je suis française*. On recourt à **estar** pour parler d'un état passager (humeur, santé, lieu où vous êtes) : **¿Cómo estás?**, *Comment vas-tu ?* ; **Estoy de vacaciones**, *Je suis en vacances*. Voici sa conjugaison aux trois 1ʳᵉˢ personnes du

INITIATION À L'ESPAGNOL

présent : **estoy**, *je suis, je me trouve* ; **estás**, *tu es, tu te trouves* ; **está**, *il/elle est, il/elle se trouve*.

Masculin et féminin. Pour les cas les plus simples :
- un adjectif masculin terminé en **-o** fait son féminin en **-a** : **encantado** → **encantada**.
- de même pour les noms terminés en **-o** : **amigo** → **amiga**.
- l'article indéfini, *un / une*, a lui aussi 2 formes : **un / una**.

Attention à la préposition ! L'espagnol utilise **a** devant un complément d'objet direct de personne : *Je te présente une amie*, **Te presento a una amiga**.

Entraînement – Traduisez les phrases suivantes
1. Je te présente un ami français.
2. Enchantée, comment vas-tu ?
3. Soy un amigo de Laura.
4. ¿Estás de vacaciones en España?

Solutions
1. Te presento a un amigo francés.
2. Encantada, ¿cómo estás?
3. Je suis un ami de Laura.
4. Tu es en vacances en Espagne ?

↗ 3ᵉ jour

Familia y trabajo
Famille et travail

1 **¿Cuántos años tienes?**
coua'ntoss agnoss tiénéss
combien années tu-as
Quel âge as-tu ?

2 **Tengo cuarenta y cinco años.**
té'ngo couaRé'nta i Zi'nco agnoss
je-ai quarante et cinq ans
J'ai quarante-cinq ans.

3 **Tengo dos hijos y dos hijas.**
té'ngo doss iHoss i doss iHass
je-ai deux fils et deux filles
J'ai deux fils et deux filles.

4 **¿En qué trabajas?**
é'n qué tRabaHass
en quoi tu-travailles
Tu travailles dans quoi ?

5 **Trabajo en una agencia de viajes.**
tRabaHo é'n ouna aHé'nZia dé biaHéss
je-travaille en une agence de voyages
Je travaille dans une agence de voyages.

Notes de grammaire

Deux verbes courants au présent : la conjugaison espagnole est ce qui demande le plus d'efforts. Prenons d'abord deux verbes de base dont vous aurez besoin pour une conversation sommaire :

INITIATION À L'ESPAGNOL

trabajar, *travailler*, est un verbe régulier du 1er groupe (verbes terminés en **-ar** à l'infinitif) et **tener**, *avoir*, est irrégulier.

trabajo	je travaille	tengo	j'ai
trabajas	tu travailles	tienes	tu as
trabaja	il/elle travaille	tiene	il/elle a

Le pluriel des mots terminés par une voyelle : les mots terminés par une voyelle au singulier prennent un **-s** au pluriel : **un hijo y una hija**, *un fils et une fille* → **dos hijos y dos hijas**, *deux fils et deux filles*.

Poser des questions. Vous avez déjà appris à poser quelques questions : **¿cómo?**, *comment ?* ; **¿dónde?** et **¿de dónde?**, *où ?* et *d'où ?* ; **¿qué?** et **¿en qué?**, *que ?* et *dans quoi ?*
Notez que **¿cuánto?**, *combien ?*, reste invariable s'il porte sur un verbe. Associé à un nom, il en prend le genre et le nombre. Ainsi : **¿Cuánto cuesta?**, *Combien ça coûte ?* ; **¿Cuántos amigos?**, *Combien d'amis ?*

Entraînement – Traduisez les phrases suivantes
1. Où travailles-tu ?
2. Combien de fils as-tu ?
3. Trabajo en Francia.
4. Tengo una hija y dos hijos.

Solutions
1. **¿Dónde trabajas?**
2. **¿Cuántos hijos tienes?**
3. Je travaille en France.
4. J'ai une fille et deux fils.

↗ 4ᵉ jour

Por favor...
S'il vous plaît...

1 Perdón, no hablo bien español. ¿Habla usted francés?
*pe**R**do'n no **h**ablo bi**é**n éspa**gn**ol abla ous**té**ᵈ fRa'n**Z**éss*
pardon ne je-parle bien espagnol il-parle vous français
Pardon, je ne parle pas bien espagnol. Parlez-vous français ?

2 No, lo siento. ¿Le puedo ayudar en algo?
*no lo si**é**'nto lé pou**é**do ayou**daR** é'n **al**go*
non le je-sens le je-peux aider en quelque-chose
Non, je suis désolé. Je peux vous aider ?

3 Sí, por favor. ¿Está lejos de aquí la Plaza Mayor?
*si poR fa**boR** és**ta** lé**H**oss dé a**qui** la **pla**Za ma**yoR***
oui par faveur elle-est loin de ici la plaza mayor
Oui, s'il vous plaît. Est-ce que la Plaza Mayor est loin d'ici ?

4 ¡Está muy cerca! Le acompaño.
*és**ta** moui **ZéR**ca lé aco'm**pa**gno*
elle-est très près le je-accompagne
C'est tout près ! Je vous accompagne.

Notes de grammaire

La phrase négative : **sí**, *oui* et **no**, *non*, sont les deux mots de base à retenir. Le second sert aussi à former la phrase négative : **no** hablo, *je ne parle pas*.

Le vouvoiement : l'espagnol marque le *vous* de politesse à l'aide de la 3ᵉ personne → **¿Habla francés?**, *Parlez-vous français ?*

INITIATION À L'ESPAGNOL

Pour exprimer le pronom personnel sujet, on utilise **usted** : **Es usted muy amable**, *Vous êtes très aimable.*
Le pronom personnel complément est aussi celui de la 3e personne : **le acompaño**, *je vous accompagne* (litt. "je l'accompagne"), au lieu de **te acompaño**, *je t'accompagne*, au tutoiement.

La place du pronom : à la différence du français, un pronom personnel ne précède jamais directement un infinitif. Une solution consiste à le mettre devant le verbe conjugué : **¿Le puedo ayudar?**, *Je peux vous aider ?*

Entraînement – Traduisez les phrases suivantes
1. Êtes-vous français ?
2. Je suis français. Je ne parle pas très bien espagnol.
3. **¿Le puedo hablar en francés?**
4. **Lo siento, no le puedo acompañar.**

Solutions
1. **¿Es usted francés?**
2. **Soy francés. No hablo muy bien español.**
3. Je peux vous parler en français ?
4. Je suis désolé, je ne peux pas vous accompagner.

⤻ 5ᵉ jour

De tapas
Sortie tapas

1 **¿Quieres pinchitos, tortilla…?**
quiéRéss pi'ntchitoss toRtilya
tu-veux brochettes omelette
Tu veux des brochettes, de l'omelette… ?

2 **Aquí la tortilla está muy buena, las albóndigas también.**
aquí la toRtilya ésta mouï bouéna lass albo'ndigass ta'mbié'n
ici la omelette est très bonne les boulettes aussi
Ici l'omelette est très bonne, les boulettes aussi.

3 **Me gusta más el pescado.**
mé gousta mass él péscado
me plaît plus le poisson
Je préfère le poisson.

4 **¿Te gustan los calamares?**
té gousta'n loss calamaRéss
te plaisent les calamars
Tu aimes les calamars ?

5 **¡Sí, me encantan! ¡Quiero calamares!**
si mé é'nca'nta'n quiéRo calamaRéss
oui me enchantent je-veux calamars
Oui, j'adore ! Je veux des calamars !

INITIATION À L'ESPAGNOL

Notes de grammaire

« **Le** », « **la** », « **les** », « **du** », « **de la** » : les articles définis espagnols sont **el**, **la**, **los**, **las**.

Au pluriel, l'article indéfini disparaît : **Quiero pinchitos**, *Je veux des brochettes*. Même chose pour le partitif *du, de la* : **Quiero tortilla**, *Je veux de l'omelette*.

Le pluriel des mots se terminant par une consonne. Pour former le pluriel des noms et adjectifs qui se terminent par une consonne, on leur ajoute **-es** : **el calamar**, **los calamares**.

Querer : **querer** signifie *vouloir* (**quiero calamares**, *je veux des calamars*), et *aimer d'amour* (**te quiero**, *je t'aime*). Voici les trois 1res personnes du singulier au présent : **quiero**, **quieres**, **quiere**.

« **J'aime** », **au sens de** « **ça me plaît** » : si vous aimez le poisson, dites **Me gusta el pescado** (litt. "le poisson me plaît"). Le verbe s'accorde au pluriel : **Te gustan los calamares** (litt. "te plaisent les calamars"), *Tu aimes les calamars*. L'expression *j'adore*, **me encanta…**, ou **me encantan…**, se construit de la même manière.

Entraînement – Traduisez les phrases suivantes

1. Vous voulez du poisson ?
2. Je n'aime pas les brochettes.
3. Me encantan las albóndigas.
4. ¿Te gusta la tortilla?

Solutions

1. ¿Quiere usted pescado?
2. No me gustan los pinchitos.
3. J'adore les boulettes.
4. Tu aimes l'omelette ?

↗ 6ᵉ jour

¿Te gusta España?
Tu aimes l'Espagne ?

1 **¿Eres de aquí o estás de vacaciones?**
*é**Ré**ss dé a**qui** o és**tass** de baca**Zio**néss*
tu-es de ici ou tu-es de vacances
Tu es d'ici ou tu es en vacances ?

2 **No, no soy de aquí; vivo en Francia, en París.**
*no no so**ï** dé a**qui** **bi**bo é'n f**Ra'n**Zia é'n pa**Riss***
non ne je-suis de ici je-vis en France en Paris
Non, je ne suis pas d'ici ; je vis en France, à Paris.

3 **Estamos aquí de vacaciones, mi familia y yo.**
*és**ta**moss a**qui** dé baca**Zio**néss mi fa**mi**lya i **yo***
nous-sommes ici de vacances ma famille et je
Nous sommes ici en vacances, ma famille et moi.

4 **Venimos a España todos los años.**
*bé**ni**moss a és**pa**gna **to**doss loss **a**gnoss*
nous-venons à Espagne tous les ans
Nous venons en Espagne tous les ans.

5 **Nos gusta mucho España. Hablamos español.**
*noss **gous**ta **mou**tcho és**pa**gna a**bla**moss éspa**gnol***
nous plaît beaucoup Espagne nous-parlons espagnol
Nous aimons beaucoup l'Espagne. Nous parlons espagnol.

Notes de grammaire
a et en, deux prépositions délicates : les francophones butent souvent sur l'usage de ces prépositions. Il est tantôt identique au

INITIATION À L'ESPAGNOL

français : **Vivo en Francia**, *Je vis en France*, tantôt différent : **Vivo en París**, *Je vis à Paris*. Quand on parle de l'endroit où l'on se trouve, on utilise **en**. Dès qu'on indique un mouvement, on utilise **a** : **Venimos a España**, *Nous venons en Espagne*.

Quelques pronoms personnels : remarquez dans ce dialogue le pronom sujet **yo**, *je, moi*, (**mi familia y yo**, *ma famille et moi*) et le pronom complément **nos** (**Nos gusta España**, *L'Espagne nous plaît*).

Quelques conjugaisons : voici le présent des verbes réguliers en **-ar** et en **-ir** et des verbes irréguliers **estar** et **venir**.

hablar	vivir	estar	venir
hablo	vivo	estoy	vengo
hablas	vives	estás	vienes
habla	vive	está	viene
hablamos	vivimos	estamos	venimos
habláis	vivís	estáis	venís
hablan	viven	están	vienen

Entraînement – Traduisez les phrases suivantes
1. Nous ne vivons pas à Paris.
2. Nous aimons venir en vacances en Espagne.
3. No soy de aquí.
4. **Están aquí.**

Solutions
1. **No vivimos en París.**
2. **Nos gusta venir de vacaciones a España.**
3. Je ne suis pas d'ici.
4. Ils sont ici.

↗ 7ᵉ jour

El mercado del pueblo
Le marché du village

1 Esta mañana vamos al mercado del pueblo.
ésta magnana bamoss al méRcado dél pouéblo
cette matin nous-allons à-le marché de-le village
Ce matin nous allons au marché du village.

2 Me encanta este mercado.
mé é'nca'nta ésté méRcado
me enchante ce marché
J'adore ce marché.

3 Hola, guapa. ¿Qué vas a querer?
ola gouapa qué bass a quéRéR
salut belle que tu-vas vouloir
Bonjour, ma belle. Qu'est-ce que tu vas prendre ?

4 ¿A cuánto están estas uvas?
a coua'nto ésta'n éstass oubass
à combien ils-sont cettes raisins
Ils sont à combien, ces raisins ?

5 Y estos plátanos, ¿qué precio tienen?
i éstoss platanoss qué pRéZio tiéné'n
et ces bananes quel prix elles-ont
Et ces bananes, elles sont à quel prix ?

Notes de grammaire

Les démonstratifs : il existe trois degrés du démonstratif en espagnol, pour désigner des choses plus ou moins éloignées. Voyez celui qui se rapporte aux objets proches, *celui-ci*, *celle-ci* :

INITIATION À L'ESPAGNOL

este mercado, estos plátanos (masc.); **esta mañana, estas uvas** (fém.). Pour faire l'accord, faites attention au genre des mots espagnols, parfois différent du français.

Attention à l'article contracté : a + el = al (à + le = au); **de + el = del** (de + le = du) : **Voy al mercado del pueblo**, *Je vais au marché du village*.

Le verbe *ir*, « aller » : ce verbe sert à indiquer un déplacement, **Voy al mercado**, *Je vais au marché*, et sert pour le futur proche, **Voy a tener**, *Je vais avoir*. Il se construit avec la préposition **a** et se conjugue ainsi : **voy, vas, va, vamos, vais, van**.

Entraînement – Traduisez les phrases suivantes
1. Ils sont à combien, ces calamars ?
2. Tu vas prendre du poisson ?
3. Este plátano no está muy bueno.
4. Voy al mercado, ¿vienes?

Solutions
1. ¿A cuánto están estos calamares?
2. ¿Vas a querer pescado?
3. Cette banane n'est pas très bonne.
4. Je vais au marché, tu viens ?

↗ 8ᵉ jour

¿Vamos a la playa?
On va à la plage ?

1 **¿Quién viene a la playa conmigo?**
   quién biéné a la playa co'nmigo
   qui vient à la plage avec-moi
   Qui vient à la plage avec moi ?

2 **No puedo, lo siento.**
   no pouédo lo sié'nto
   ne je-peux le je-sens
   Je ne peux pas, je suis désolé.

3 **A ver, ¿por qué no puedes?**
   a béR poR qué no pouédéss
   à voir pour quoi ne tu-peux
   Voyons, pourquoi est-ce que tu ne peux pas ?

4 **¡Porque tengo que trabajar!**
   poRqué té'ngo qué tRabaHaR
   parce-que je-ai que travailler
   Parce que je dois travailler !

5 **También hay que descansar un poco, ¿no?**
   ta'mbié'n aï qué désca'nsaR ou'n poco no
   aussi il-y-a que reposer un peu non
   Il faut aussi se reposer un peu, non ?

Notes de grammaire
L'obligation. L'obligation personnelle (*je dois, tu dois…*) s'exprime grâce au verbe **tener** conjugué suivi de **que** + infinitif : **Tengo**

INITIATION À L'ESPAGNOL

que trabajar, *Je dois travailler*, etc. L'obligation impersonnelle (*il faut*) s'exprime avec **hay que** + infinitif : **Hay que** ir al mercado, *Il faut aller au marché*.

Les verbes à diphtongue : le radical de certains verbes, dits « à diphtongue », change de forme à certaines personnes. **Querer**, par exemple, devient **quiero**, **quieres**, etc. Quant à **poder**, *pouvoir*, autre verbe à diphtongue, il se conjugue ainsi au présent : **puedo**, **puedes**, **puede**, **podemos**, **podéis**, **pueden**.

Les mots interrogatifs : retenez **¿quién?**, *qui ?* et **¿por qué?**, *pourquoi ?*, deux autres mots interrogatifs. Remarquez que **¿quién?** a une forme au pluriel (**¿Quiénes son?**, *Qui sont-ils ?*) et que la question **¿por qué?** s'écrit en deux mots alors que la réponse **porque**, *parce que*, ne s'écrit qu'en un mot.

Entraînement – Traduisez les phrases suivantes
1. Il faut aller au marché.
2. Qui veut venir avec moi ?
3. **¿Por qué no venís a la playa?**
4. **No podemos porque tenemos que trabajar.**

Solutions
1. **Hay que ir al mercado.**
2. **¿Quién quiere venir conmigo?**
3. Pourquoi ne venez-vous pas à la plage?
4. Nous ne pouvons pas parce que nous devons travailler.

↗ 9ᵉ jour

Tomar café
Prendre un café

1 **¿Qué van a tomar ustedes?**
*qué ba'n a to**maR** ous**té**déss*
que ils-vont à prendre vous
Qu'est-ce que vous allez prendre ?

2 **Yo voy a tomar un café con leche, pero con poca leche.**
*yo boï a to**maR** ou'n ca**fé** co'n **lé**tché **pé**Ro co'n **po**ca **lé**tché*
moi je vais à prendre un café avec lait mais avec peu lait
Moi, je vais prendre un café au lait, mais avec peu de lait.

3 **¿Y para usted, caballero?**
*i **pa**Ra ous**té**ᵈ cabal**yé**Ro*
et pour vous monsieur
Et pour vous, monsieur ?

4 **Para mí lo contrario: un café con mucha leche.**
***pa**Ra mi lo co'n**tRa**Rio ou'n ca**fé** co'n **mou**tcha **lé**tché*
pour moi le contraire un café avec beaucoup lait
Pour moi, ce sera le contraire : un café avec beaucoup de lait.

5 **¿Quieren algo para acompañar los cafés?**
*qui**é**Ré'n **al**go **pa**Ra aco'mpa**gnaR** loss ca**féss***
ils-veulent quelque-chose pour accompagner les cafés
Voulez-vous quelque chose pour accompagner les cafés ?

INITIATION À L'ESPAGNOL

Notes de grammaire

La préposition *para*. Retenez deux usages de la préposition **para** : le but → **para acompañar**, *pour accompagner* ; le point de vue ou l'attribution → **para mí**, *pour moi* ; **para ti**, *pour toi*, etc.

Vouvoyer au singulier et au pluriel : la politesse s'exprime avec la 3e personne du singulier (**¿Qué quiere usted, señor?**, *Que voulez-vous, monsieur ?*) ou du pluriel (quand on s'adresse à un groupe de personnes : **¿Qué quieren ustedes, señores?**, *Que voulez-vous, messieurs ?*).

« **Peu** » / « **beaucoup** » : **poco** et **mucho** sont des termes de base. Après un verbe, ils sont invariables : **Duermo poco**, *Je dors peu*. Avant un nom, ils s'accordent avec lui : **Bebo mucha leche** (*lait* est féminin en espagnol), *Je bois beaucoup de lait*.

Entraînement – Traduisez les phrases suivantes

1. Que prenez-vous, messieurs ?
2. Pour moi un café et pour lui un café au lait.
3. Yo quiero mucha leche y poco café.
4. ¿Quiere usted algo para acompañar el café?

Solutions

1. **¿Qué toman ustedes, señores?**
2. **Para mí un café y para él un café con leche.**
3. Moi, je veux beaucoup de lait et peu de café.
4. Voulez-vous quelque chose pour accompagner le café ?

↗ 10ᵉ jour

No estoy bien
Je ne me sens pas bien

1 Creo que estoy enfermo, doctor.
   cRéo qué éstoï é'nféRmo doctoR
   je-crois que je-suis malade docteur
   Je crois que je suis malade, docteur.

2 ¿Le duele algo?
   *lé doué**lé al**go*
   à-lui fait-mal quelque-chose
   Avez-vous mal quelque part ?

3 Me duele la cabeza, me duelen las piernas...
   *mé doué**lé** la ca**bé**Za mé doué**lé'n** lass pié**R**nass*
   me fait-mal la tête me font-mal les jambes
   J'ai mal à la tête, j'ai mal aux jambes...

4 Es un resfriado.
   éss ou'n rrésfRiado
   il-est un rhume
   C'est un rhume.

5 Le voy a recetar estas pastillas y este jarabe.
   lé boï a rréZétaR éstass pastilyass i ésté HaRabé
   à-lui je-vais à prescrire ces comprimés et ce sirop
   Je vais vous prescrire ces comprimés et ce sirop.

INITIATION À L'ESPAGNOL

Notes de grammaire

Ser et **estar**. Revoyons certains emplois de **ser**: **Es francés**, *Il est français*; **Es alto**, *Il est grand*. Un petit "truc": devant un nom, *être* se rend par **ser**: *C'est un rhume*, **Es un resfriado**. **Estar** s'utilise devant un adjectif ou un participe, pour parler d'un état passager: l'humeur (**estoy contento**, *je suis content*), la santé (**estoy enfermo**, *je suis malade*), etc.

Doler (litt. "faire mal"): **Me duele la cabeza** (litt. "me fait mal la tête"), *J'ai mal à la tête*; **Le duelen las piernas** (litt. "à lui font mal les jambes"), *Il/Elle a mal aux jambes*. Vous le voyez, le verbe s'accorde avec le sujet et le complément varie selon la personne concernée.

Le vouvoiement dans les pronoms compléments: il passe également par la 3ᵉ personne. Ainsi, **¿Le gusta España?** peut donc signifier ou *Aime-t-il/elle l'Espagne ?* ou *Aimez-vous l'Espagne ?* et **Le duelen las piernas**, *Il/Elle a mal aux jambes* ou *Vous avez mal aux jambes*.

Entraînement – Traduisez les phrases suivantes

1. Vous êtes malade, monsieur, vous avez un rhume.
2. Est-ce que vous avez mal aux jambes ?
3. Te voy a recetar un jarabe.
4. No me gusta tomar pastillas.

Solutions

1. Está usted enfermo, señor, tiene un resfriado.
2. ¿Le duelen las piernas?
3. Je vais te prescrire un sirop.
4. Je n'aime pas prendre de comprimés.

↗ 11ᵉ jour

Buscando un regalo
Cherche cadeau

1 **Estoy buscando un regalo para mi novia.**
éstoï bousca'ndo ou'n rrégalo paRa mi nobia
je-suis cherchant un cadeau pour ma fiancée
Je cherche un cadeau pour ma fiancée.

2 **¿Cómo es tu chica?**
como éss tou tchica
comment elle-est ta jeune-fille
Comment est-elle, ton amie ?

3 **Es clásica con su familia y moderna cuando sale con sus amigas.**
éss classica co'n sou familya i modéRna cua'ndo salé co'n souss amigass
elle-est classique avec sa famille et moderne quand elle-sort avec ses amies
Elle est classique avec sa famille et moderne quand elle sort avec ses amies.

4 **¿Por qué no le compras un abanico?**
poR qué no lé co'mpRass ou'n abanico
pour quoi ne lui tu-achètes un éventail
Pourquoi ne lui achètes-tu pas un éventail ?

Notes de grammaire
Je suis en train de… : la forme progressive (verbe **estar** conjugué + gérondif) permet de parler d'une action en train de se dérouler. Observez la différence entre **Estoy buscando**, *Je cherche* (en ce moment) et **Busco**, *Je cherche* (en général). Le gérondif se termine en **-ando** pour les verbes en **-ar**, et en **-iendo** pour ceux

INITIATION À L'ESPAGNOL

en **-er** et en **-ir** : **Estoy comiendo**, *Je mange* (**comer**, *manger*). Attention ! Il n'y a jamais de pronom personnel directement devant le gérondif : **Lo estoy buscando**, *Je suis en train de le chercher*.

Les adjectifs possessifs singuliers : **mi**, *mon* ; **tu**, *ton* et **su**, *son*, reçoivent un **-s** final au pluriel. Voyez ces exemples : **mi chico, mis amigas** ; **tu novia, tus hijos** ; **su estilo, sus hijas**.

« **Quand** » : *quand* se dit **cuando** → **(...) cuando sale con sus amigas**, *(...) quand elle sort avec ses amies*. Le même mot, mais accentué, sert à poser des questions : **¿Cuándo vienes?**, *Quand viens-tu ?*

Entraînement – Traduisez les phrases suivantes
1. Où es-tu ? Ta fiancée est en train de te chercher !
2. Je suis en train de lui acheter un cadeau.
3. ¿Cuándo vas a venir?
4. Voy a tomar un café con mis amigos.

Solutions
1. ¿Dónde estás? ¡Tu novia te está buscando!
2. Le estoy comprando un regalo.
3. Quand vas-tu venir?
4. Je vais prendre un café avec mes amis.

12ᵉ jour

En la zapatería
Chez le chausseur

1 **¿Puede enseñarme algunos modelos de zapatos de vestir?**
*pou**é**dé é'nsé**gna**Rmé al**gou**noss mo**dé**loss dé Za**pa**toss dé bés**tiR***
il-peut montrer-moi quelques modèles de chaussures de habiller
Pouvez-vous me montrer quelques modèles de chaussures de ville ?

2 **¿Cuál es su talla?**
*cou**a**l éss sou **ta**lya*
quelle est sa taille
Quelle est votre taille ?

3 **Estos zapatos me gustan bastante pero me aprietan demasiado.**
*éstoss Za**pa**toss mé **gous**ta'n bas**ta**'nté **pé**Ro mé apRi**é**ta'n dé**ma**ssi**a**do*
ces chaussures à-moi ils-plaisent assez mais à-moi ils-serrent trop
J'aime assez ces chaussures mais elles me serrent trop.

4 **Estos son menos bonitos pero más cómodos.**
*éstoss so'n **mé**noss bo**ni**toss **pé**Ro mass **co**modoss*
ceux-ci ils-sont moins beaux mais plus confortables
Celles-ci sont moins belles mais plus confortables.

Notes de grammaire

La place du pronom : le pronom personnel complément ne peut pas précéder directement un infinitif. Ainsi, ou on le met devant le verbe conjugué (**¿Me puede enseñar?**, *Pouvez-vous*

INITIATION À L'ESPAGNOL

me montrer ?) ou on l'accroche à l'infinitif (**¿Puede enseñarme?**, *Pouvez-vous me montrer ?*).

Le vouvoiement : le vouvoiement étant basé sur la 3e personne, les possessifs du vouvoiement sont aussi ceux de la 3e personne : **¿Cuál es su talla?** (litt. "Quelle est sa taille ?"), *Quelle est votre taille ?*

Comparer, juger : **más**, *plus* ; **menos**, *moins* ; **demasiado**, *trop* ; **bastante**, *assez*, sont autant d'outils qui vous permettront de vous lancer dans la comparaison. Ces deux derniers termes, utilisés devant un mot, s'accordent avec lui : **No hay bastantes zapatos**, *Il n'y a pas assez de chaussures* ; **Hay demasiados modelos**, *Il y a trop de modèles*.

Entraînement – Traduisez les phrases suivantes
1. Je dois m'acheter des chaussures.
2. Vos chaussures sont très belles.
3. **Hay que trabajar más.**
4. **Compro demasiados zapatos.**

Solutions
1. **Tengo que comprarme zapatos.**
2. **Sus zapatos son muy bonitos.**
3. Il faut travailler plus.
4. J'achète trop de chaussures.

🡵 13ᵉ jour

Al salir del cine
À la sortie du ciné

1 **¿Te ha gustado la película?**
*té a gous**ta**do la pé**li**coula*
à-toi il-a plu la film
Tu as aimé le film ?

2 **Más o menos. Me ha parecido un poco larga.**
*mass o **mé**noss mé a paRé**Z**ido ou'n **po**co **laR**ga*
plus ou moins à-moi elle-a paru un peu longue
Plus ou moins. Il m'a paru un peu long.

3 **A mí me ha encantado.**
*a mi mé a é'nca'n**ta**do*
à moi me elle-a enchanté
Moi, j'ai adoré.

4 **Y a vosotros, ¿os ha gustado?**
*i a bo**sso**tRoss oss a gous**ta**do*
et à vous vous elle-a plu
Et vous, est-ce que vous avez aimé ?

5 **¡Nos ha parecido muy larga y aburridísima!**
*noss a paRé**Z**ido mou**i** **laR**ga i abourri**di**ssima*
nous elle-a paru très longue et très-ennuyeuse
Il nous a paru très long et très ennuyeux !

INITIATION À L'ESPAGNOL

Notes de grammaire

Le passé composé : moins systématique qu'en français, le passé composé espagnol se forme toujours avec l'auxiliaire **haber**, *avoir*, suivi du participe passé invariable.

L'auxiliaire se conjugue ainsi : **he**, **has**, **ha**, **hemos**, **habéis**, **han**. Quant au participe passé, il peut avoir deux terminaisons : en **-ado** (verbes en **-ar** : **trabajar → trabajado**) ou en **-ido** (verbes en **-er** et en **-ir** : **comer → comido** ; **vivir → vivido**). Exemples : **has hablado**, *tu as parlé* ; **ha venido**, *il est venu*, etc.

Les pronoms personnels : lorsque le pronom personnel est complément d'objet indirect (*à moi*, *à toi*, etc.), ses formes sont **me**, **te**, **le**, **nos**, **os**, **les** et cela donne **¿Te ha gustado?** ; **Nos ha parecido**. Notez qu'après une préposition, on emploie les formes du pronom sujet, sauf pour les deux premières personnes du singulier : **a mí**, **para ti**, **de él**, **con nosotros**, etc.

Le superlatif : pour le former, on peut ou utiliser **muy**, *très*, avant l'adjectif (**muy larga**, *très longue*), ou ajouter **-ísimo/a** à l'adjectif diminué de sa terminaison (**aburrida → aburridísima**, *très ennuyeuse*).

Entraînement – Traduisez les phrases suivantes

1. Ils ont adoré le film.
2. Vous êtes allés au cinéma ?
3. **No me han gustado tus amigos.**
4. **Sandra me ha hablado de ti.**

Solutions

1. **Les ha encantado la película.**
2. **¿Habéis ido al cine?**
3. Je n'ai pas aimé tes amis.
4. Sandra m'a parlé de toi.

14e jour

Horarios
Horaires

1 ¿A qué hora cenáis en España?
*a qué **o**Ra **Zé**naïss é'n és**pa**gna*
à quelle heure vous-dînez en Espagne
À quelle heure dînez-vous en Espagne ?

2 Aquí se cena a partir de las diez.
*a**qui** sé **Zé**na a pa**Rtir** dé lass di**éZ***
ici se dîne à partir de les dix
Ici on dîne à partir de dix heures.

3 Y nos levantamos a las siete más o menos.
*i noss léba'**n**tamoss a lass si**é**té mass o **mé**noss*
et nous nous-levons à les sept plus ou moins
Et nous nous levons à sept heures plus ou moins.

4 ¡Vuestras noches son más cortas que las nuestras!
*bou**é**stRass **no**tchéss so'n mass **co**Rtass qué lass nou**é**stRass*
vos nuits elles-sont plus courtes que les nôtres
Vos nuits sont plus courtes que les nôtres !

Notes de grammaire

Les trois groupes de verbes réguliers au présent. Petit rappel concernant les verbes réguliers en **-ar**, **-er** et **-ir** :

cenar	comer	vivir
ceno	como	vivo
cenas	comes	vives
cena	come	vive
cenamos	comemos	vivimos
cenáis	coméis	vivís
cenan	comen	viven

INITIATION À L'ESPAGNOL

Les verbes pronominaux. Attention au pronom personnel qui accompagne les verbes pronominaux (comme **levantarse**, *se lever*) : **me levanto**, *je me lève* ; **te levantas**, *tu te lèves* ; **se levanta**, *il/elle se lève* ; **nos levantamos**, *nous nous levons* ; **os levantáis**, *vous vous levez* ; **se levantan**, *ils/elles se lèvent*.

Les possessifs : **nuestro/a**, *notre*, et **vuestro/a**, *votre*, prennent un **-s** au pluriel. Si vous employez **vuestro**, vous tutoyez ceux à qui vous parlez. Pour vouvoyer, il faut passer par la 3ᵉ personne.

« **On** » : un des équivalents de *on* est la 3ᵉ personne du verbe précédée de **se** → **Se cena a las diez**, *On dîne à dix heures*.

Entraînement – Traduisez les phrases suivantes
1. Nos amis espagnols se lèvent à sept heures.
2. Vous *(informel)* pouvez venir avec tous vos amis.
3. Si quiere, puede venir a cenar con su novia.
4. Aquí se habla francés.

Solutions
1. **Nuestros amigos españoles se levantan a las siete.**
2. **Podéis venir con todos vuestros amigos.**
3. Si vous voulez, vous pouvez venir dîner avec votre fiancée.
4. Ici on parle français.

↗ 15ᵉ jour

En la estación
À la gare

1 **¿Puede decirme dónde está la estación, por favor?**
*pou**é**dé dé**ZiR**mé **do'n**dé és**ta** la ésta**Zio'**n poR fa**boR***
il-peut dire-moi où elle-est la gare par faveur
Pouvez-vous me dire où est la gare, s'il vous plaît ?

2 **Quisiera un billete para París.**
*quissi**é**Ra ou'n bily**é**té **pa**Ra pa**Riss***
je-voudrais un billet pour Paris
Je voudrais un billet pour Paris.

3 **¿Sería tan amable de darme un asiento al lado de la ventanilla?**
*s**é**Ria ta'n am**a**blé dé **daR**mé ou'n assi**é'n**to al **la**do dé la bé'nta**ni**lya*
serait-il aussi aimable de donner-moi un siège au côté de la fenêtre
Auriez-vous l'amabilité de me donner une place à côté de la fenêtre ?

4 **Desearía también un billete de vuelta.**
*désséa**R**ia ta'mbi**é**'n ou'n bily**é**té dé bou**é**lta*
je-désirerais aussi un billet de retour
Je souhaiterais aussi un billet retour.

5 **¿Puedo pagarle con tarjeta?**
*pou**é**do pa**gaR**lé co'n taR**Hé**ta*
je-peux payer-lui avec carte
Puis-je vous payer par carte ?

INITIATION À L'ESPAGNOL

Notes de grammaire

Le conditionnel : comme en français, on utilise le conditionnel pour affaiblir une affirmation et la rendre plus courtoise, *je désirerais*, au lieu de *je désire*. Le conditionnel régulier se forme sur l'infinitif : **comer**, *manger* → **comería**, *je mangerais*. Les terminaisons sont les suivantes : **comería, comerías, comería, comeríamos, comeríais, comerían**. Nous reviendrons plus tard sur les verbes irréguliers.

Quisiera : là où le français utilise le conditionnel du verbe vouloir, *je voudrais*, l'espagnol, lui, recourt à l'imparfait du subjonctif. Voici la conjugaison complète du verbe **querer** à l'imparfait du subjonctif : **quisiera, quisieras, quisiera, quisiéramos, quisierais, quisieran**.

Entraînement – Traduisez les phrases suivantes

1. Pouvez-vous me parler en français ?
2. Je voudrais payer par carte.
3. **Desearía un asiento al lado de la ventana, por favor.**
4. **¿Sería tan amable de decirme dónde está la estación?**

Solutions

1. **¿Puede hablarme en francés?**
2. **Quisiera pagar con tarjeta.**
3. Je souhaiterais une place à côté de la fenêtre, s'il vous plaît.
4. Auriez-vous l'amabilité de me dire où est la gare ?

16ᵉ jour

¿Dónde vamos a dormir?
Où va-t-on dormir ?

1 **¿Sabría decirme si hay un hotel barato por aquí?**
sabRia déZiRmé si aï ou'n otél baRato poR aqui
il-saurait dire-moi si il-y-a un hotel bon-marché par ici
Sauriez-vous me dire s'il y a un hôtel bon marché par ici ?

2 **Le aconsejaría buscar en otro barrio: este es bastante caro.**
lé aco'nséHaRia bouscaR én otRo barrio ésté éss basta'nté caRo
lui je-conseillerais chercher en autre quartier celui-ci il-est assez cher
Je vous conseillerais de chercher dans un autre quartier : celui-ci est assez cher.

3 **¿Tendría habitaciones libres?**
té'ndRia abitaZionéss libRéss
vous-auriez chambres libres
Est-ce que vous auriez des chambres libres ?

4 **¿Me podría decir cuál es el precio por noche?**
mé podRia déZiR coual éss él pRéZio poR notché
me pourriez-vous dire quel est le prix par nuit
Pourriez-vous me dire quel est le prix par nuit ?

INITIATION À L'ESPAGNOL

Notes de grammaire

Les verbes irréguliers au conditionnel : le radical de certains verbes se modifie au conditionnel. En voici trois, usuels : **poder** → **<u>pod</u>ría** ; **podría usted**, *pourriez-vous* ; **tener** → **<u>tend</u>ría** : **tendría usted**, *auriez-vous* ; **saber** → **<u>sabr</u>ía** : **sabría usted**, *sauriez-vous*.

Quelques règles d'usage : de nombreux usages espagnols sont un peu difficiles pour les francophones. Deux exemples :
- l'équivalent espagnol de la préposition *par* est la plupart du temps **por** : *par ici*, **por aquí** ; *par nuit*, **por noche**. Inversement, **para** sert très souvent à rendre *pour*.
- on ne met jamais l'article indéfini singulier **un** devant **otro, otra** : **otro barrio**, *un autre quartier*.

Entraînement – Traduisez les phrases suivantes

1. Pourriez-vous me parler en français ?
2. Sauriez-vous me dire combien coûte un billet pour Paris ?
3. **¿Tendría una habitación para tres noches?**
4. **Quisiera una habitación para mí y otra para mi hija.**

Solutions

1. **¿Podría hablarme en francés?**
2. **¿Sabría decirme cuánto cuesta un billete para París?**
3. Auriez-vous une chambre pour trois nuits ?
4. Je voudrais une chambre pour moi et une autre pour ma fille.

↗ 17ᵉ jour

¿Quedamos?
On se donne rendez-vous ?

1 **Dime cuándo quedamos para salir de copas.**
dimé coua'ndo quédamoss paRa saliR dé copass
dis-moi quand nous-restons pour sortir de verres
Dis-moi quand on se voit pour sortir boire quelques verres.

2 **No lo sé todavía. Dame tu número de móvil y te llamo.**
no lo sé todabia damé tou nouméRo dé mobil i té lyamo
ne le je-sais encore donne-moi ton numéro de portable et te je-appelle
Je ne sais pas encore. Donne-moi ton numéro de portable et je t'appelle.

3 **Llámame mañana por la mañana entonces.**
lyamamé magnana poR la magnana é'nto'nZéss
appelle-moi demain par le matin alors
Appelle-moi demain matin alors.

4 **Si no contesto, deja un mensaje.**
si no co'ntésto déHa ou'n mé'nsaHé
si ne je-réponds laisse un message
Si je ne réponds pas, laisse un message.

Notes de grammaire
L'impératif. La 2ᵉ personne du singulier de l'impératif espagnol, c'est la 2ᵉ personne du singulier du présent sans le **-s** : **hablas**, *tu parles* → **¡habla!**, *parle !* ; **comes**, *tu manges* → **¡come!**, *mange !* Observez un impératif irrégulier : **decir**, *dire*, qui fait **¡di!**, *dis !*

INITIATION À L'ESPAGNOL

Remarquez aussi la forme que prend l'impératif lorsqu'il est suivi d'un pronom : **¡llámame!**, *appelle-moi !* ; **¡dime!**, *dis-moi !* ; **¡dame!**, *donne-moi !*

À retenir :
- Le mot **todavía**, *encore* ;
- La 1re personne du verbe **saber**, *savoir* : **sé**, *je sais* (**No lo sé todavía**, *Je ne le sais pas encore.*) ;
- La tournure **mañana por la mañana**, *demain matin*. **Mañana** signifie *demain* et *matin*. Et quand on dit *le matin* pour se situer dans la journée, il faut utiliser **por** : **por la mañana**.

Entraînement – Traduisez les phrases suivantes
1. On se voit dans l'après-midi pour prendre un café ?
2. Je ne sais pas encore si je vais pouvoir sortir demain.
3. Llámame y dime dónde quedamos.
4. Déjame tu número de móvil.

Solutions
1. ¿Quedamos por la tarde para tomar un café?
2. No sé todavía si voy a poder salir mañana.
3. Appelle-moi et dis-moi où on se donne rendez-vous.
4. Laisse-moi ton numéro de portable.

↗ 18ᵉ jour

La invitación
L'invitation

1 **Ven a cenar mañana a casa con tu mujer.**
bé'n a ZénaR magnana a cassa co'n tou mouHéR
viens à dîner demain à maison avec ta femme
Viens dîner demain à la maison avec ta femme.

2 **A Laura le encantaría conoceros.**
a laouRa lé é'nca'ntaRia conoZéRoss
à Laura lui enchanterait connaître-vous
Laura serait ravie de vous connaître.

3 **Le he hablado mucho de vosotros.**
lé é ablado moutcho de bossotRoss
lui je-ai parlé beaucoup de vous
Je lui ai beaucoup parlé de vous.

4 **Ten, Laura: Paco me ha dicho que te gustan las flores.**
té'n laouRa paco mé a ditcho qué té gousta'n lass floRéss
tiens Laura Paco me il-a dit que te plaisent les fleurs
Tiens, Laura : Paco m'a dit que tu aimais les fleurs.

5 **Ponte cómodo: estás en tu casa.**
po'nté comodo éstass é'n tou cassa
mets-toi commode tu-es en ta maison
Mets-toi à l'aise, tu es ici chez toi.

INITIATION À L'ESPAGNOL

Notes de grammaire

Quelques impératifs irréguliers : les trois modèles réguliers sont **¡habla!**, *parle !* (verbes en **-ar**) ; **¡come!**, *mange !* (verbes en **-er**) et **¡vive!**, *vis !* (verbes en **-ir**).

Il y a 8 verbes irréguliers à la 2ᵉ personne du singulier. Vous connaissez déjà **¡di!**, *dis !* ; en voici trois autres : **¡ven!**, *viens !* ; **¡ten!**, *tiens !* ; **¡pon!**, *mets !*

Le passé composé et les participes passés irréguliers : vous connaissez déjà la construction du passé composé (leçon 13). Observez un participe passé irrégulier : **ha dicho**, *il a dit*. Il y en a d'autres, très courants : **visto**, *vu* ; **puesto**, *mis* ; **hecho**, *fait*. Attention, notez que l'espagnol n'intercale jamais rien entre l'auxiliaire et le participe. Dans **he hablado mucho**, *j'ai beaucoup parlé*, **mucho** est donc placé après **hablado**.

Entraînement – Traduisez les phrases suivantes

1. Tu as vu ? Ils ont très peu mangé.
2. C'est parce que tu as fait des calamars !
3. **¡Te he dicho que no les gustan los calamares!**
4. **Ponte aquí, al lado de Paco.**

Solutions

1. **¿Has visto? Han comido muy poco.**
2. **¡Es porque has hecho calamares!**
3. Je t'ai dit qu'ils n'aiment pas les calamars !
4. Mets-toi ici, à côté de Paco.

↗ 19ᵉ jour

Por teléfono
Au téléphone

1 **Está hablando con nuestro contestador, espere un momento.**
   *és**ta** a**bla'n**do co'n nou**é**stʀo co'n**té**sta**do**ʀ és**pé**ʀé ou'n mo**mé'n**to*
   il-est parlant avec notre répondeur qu'il-attende un moment
   Vous êtes sur notre répondeur, patientez un instant.

2 **¿Oiga? ¿Reservas?**
   *o**ï**ga rré**ssé**ʀbass*
   qu'il entende réservations
   Allô ? Les réservations ?

3 **Para información diga "uno".**
   *pa**Ra** i'nfoʀma**Zio**'n **di**ga **ou**no*
   pour information qu'il-dise un
   Pour les renseignements, dites « un ».

4 **¡Póngame con reservas!**
   ***po'n**gamé co'n rré**ssé**ʀbass*
   qu'il-mette-moi avec réservations
   Passez-moi les réservations !

5 **Nuestros operadores están ocupados, llame más tarde.**
   *nou**é**stRoss opé**Ra**do**Ré**ss és**ta'n** ocou**pa**doss lya**mé** mass **ta**ʀdé*
   nos opérateurs sont occupés qu'il-appelle plus tard
   Nos opérateurs sont occupés, rappelez plus tard.

INITIATION À L'ESPAGNOL

Notes de grammaire

Impératif et vouvoiement : pour dire *Patientez, monsieur !*, on utilise la 3ᵉ personne du subjonctif, littéralement "qu'il attende, monsieur". On prend ici le radical de la 1ʳᵉ personne de l'indicatif présent et on permute la voyelle finale :
- les verbes en **-ar** changent leur **a** en **e** : ¡espera!, *attends !* → **¡espere!**, *attendez !*
- les verbes en **-er** et **-ir** changent leur **e** en **a** : **¡come!**, **¡vive!**, *mange !, vis !* → **¡coma!**, **¡viva!**, *mangez !, vivez !*

Quand l'indicatif présent est irrégulier, l'impératif de vouvoiement s'en ressent : **oigo**, *j'écoute* → **¡oiga!**, *écoutez !* ; **digo**, *je dis* → **¡diga!**, *dites !* ; **pongo**, *je mets* → **¡ponga!**, *mettez !*, etc.

« **Allô ?** » : celui qui décroche dit **¡diga!** ou **¡dígame!**, l'équivalent de *allô* ou de *j'écoute*. Celui qui appelle, s'il n'entend pas bien, dit **¡oiga!**, *allô ?* Retenez aussi : **póngame con…**, *passez-moi…* !

Entraînement – Traduisez les phrases suivantes

1. Renseignements, j'écoute, en quoi puis-je vous aider ?
2. Passez-moi les réservations, s'il vous plaît.
3. **Espere un momento.**
4. **¿Puede llamar más tarde?**

Solutions

1. **Información, dígame, ¿en qué puedo ayudarle?**
2. **Póngame con reservas, por favor.**
3. Attendez un moment.
4. Pouvez-vous appeler plus tard ?

20ᵉ jour

Por teléfono (sigue)
Au téléphone (suite)

1 **Sí, dime.**
si dimé
oui dis-moi
Oui, allô.

2 **¡Hace una hora que te estoy llamando!**
aZé ouna oRa qué té éstoï lyama'ndo
il-fait une heure que te je-suis appelant
Allô, ça fait une heure que je t'appelle !

3 **Perdona y no grites, ¿vale? No he tenido cobertura.**
péRdona i no gRitéss balé no é ténido cobéRtouRa
pardonne et ne que-tu-cries ça-vaut ne j'ai eu de réseau
Pardonne-moi et ne crie pas, d'accord ? Je n'ai pas eu de réseau.

4 **¡No olvides comprar el pan!**
no olbidéss compRaR él pa'n
ne que-tu-oublies acheter le pain
N'oublie pas d'acheter le pain !

5 **Vale, ¡ponme con Antonio!**
balé po'nmé co'n a'ntonio
ça-vaut mets-moi avec Antonio
D'accord, passe-moi Antonio !

INITIATION À L'ESPAGNOL

Notes de grammaire

« **Allô ?** » **(suite)** : ici, une femme appelle et rabroue son mari au téléphone ; les interlocuteurs se tutoient. Remarquez comment *allô* varie : au lieu de **dígame**, *dites-moi*, celui qui décroche va dire **dime**, *dis-moi*. De même, celle qui appelle, au lieu de **oiga**, *écoutez*, dirait **oye**, *écoute*. Pour la même raison, **póngame con...**, *passez-moi...*, devient ici **ponme con...**, *passe-moi...*

L'impératif négatif : pour interdire, l'espagnol utilise **no** + la 2e personne du singulier du subjonctif ; on a donc des terminaisons en **-es** ou **-as**. Ainsi, le verbe **gritar**, *crier*, donne ¡**no grites!**, *ne crie pas !* ; le verbe **comer**, *manger*, donne ¡**no comas!**, *ne mange pas !* Et dans le cas de verbes irréguliers, on a par exemple ¡**no digas!**, *ne dis pas !*, etc.

Entraînement – Traduisez les phrases suivantes

1. Allô ! Que veux-tu ? Ça fait cinq minutes que tu m'as appelé !
2. Pardonne-moi, mais j'ai oublié quelque chose.
3. **No me llames cuando estoy trabajando, ¿vale?**
4. **No compres el pan y ponme con Antonio, por favor.**

Solutions

1. **¡Dime! ¿Qué quieres? ¡Hace cinco minutos que me has llamado!**
2. **Perdona, pero he olvidado algo.**
3. Ne m'appelle pas quand je suis en train de travailler, d'accord ?
4. N'achète pas le pain et passe-moi Antonio, s'il te plaît.

↗ 21ᵉ jour

En la calle
Dans la rue

1 Perdone. ¿Podría decirme dónde queda el museo?
péRdoné podRía déZiRmé do'ndé quéda el mousséo
qu'il-pardonne il-pourrait dire-me où reste le musée
Pardon. Pourriez-vous me dire où se trouve le musée ?

2 ¡Está bastante lejos de aquí!
ésta basta'nté léHoss dé aquí
il-se-trouve assez loin de ici
Il est assez loin d'ici !

3 ¿Ve usted aquel edificio?
bé oustéᵈ aquél édifiZio
il-voit vous cet édifice
Voyez-vous ce bâtiment ?

4 Vaya hasta allí, gire a la derecha y siga todo recto.
baya asta alyí HiRé a la déRétcha i siga todo rrécto
qu'il-aille jusque là-bas qu'il-tourne à la droite et qu'il-continue tout droit
Allez jusque là-bas, tournez à droite et continuez tout droit.

Notes de grammaire
Impératif au vouvoiement (suite) : dans ce dialogue, on se vouvoie, le verbe **perdonar** donne donc **perdone** au lieu de **perdona** (tutoiement). Observez ces subjonctifs irréguliers à valeur d'impératif : **¡vaya!**, *allez !*, du verbe **ir**, et **¡siga!**, *continuez !*, du verbe **seguir**.

INITIATION À L'ESPAGNOL

Se situer dans l'espace : on parle ici de réalités éloignées, **aquel museo, allí**, *ce musée, là-bas*. Récapitulons :

Proche	Lointain
este museo, *ce musée-ci*	**aquel museo**, *ce musée-là*
estos edificios, *ces bâtiments-ci*	**aquellos edificios**, *ces bâtiments-là*
esta calle, *cette rue-ci*	**aquella calle**, *cette rue-là*
estas casas, *ces maisons-ci*	**aquellas casas**, *ces maisons-là*
aquí, *ici*	**allí** ou **allá**, *là, là-bas*

Retenez quelques prépositions et adverbes usuels : **cerca**, *près* ; **lejos**, *loin* ; **hasta**, *jusqu'à* ; **todo recto**, *tout droit* ; **a la izquierda**, *à gauche* ; **a la derecha**, *à droite*.

Entraînement – Traduisez les phrases suivantes
1. Pardon, pourriez-vous me dire s'il y a une station de métro près d'ici ?
2. Vous voyez cette maison, là-bas ?
3. Vaya hasta allí, gire a la izquierda y siga todo recto.
4. ¡Está demasiado lejos!

Solutions
1. Perdone, ¿podría decirme si hay una estación de metro cerca de aquí?
2. ¿Ve usted aquella casa, allí?
3. Allez jusque là-bas, tournez à gauche et continuez tout droit.
4. C'est trop loin !

Conversation

⌐ **Premiers contacts**

Les Espagnols se tutoient spontanément, s'appellent par leur prénom, s'embrassent et parlent fort. Notez que tout cela est culturel et n'implique aucun irrespect.

Salutations

Nos *bonsoir* et *bonne nuit* n'épousent pas les usages de la vie espagnole : **la tarde** commence après le déjeuner (ce n'est pas *la soirée* mais plutôt *l'après-midi*) et **la noche**, *la nuit*, dure longtemps... Ainsi, **buenas noches** s'emploie pour souhaiter une *bonne nuit*, mais c'est aussi la salutation lorsqu'on entame par exemple une soirée entre amis.

Bonjour !	¡Buenos días!	bou*é*noss d*i*ass
Bonjour ! / Bonsoir !	¡Buenas tardes!	bou*é*nass ta**R**déss
Bonsoir ! / Bonne nuit !	¡Buenas noches!	bou*é*nass **not**chéss

Les salutations de base peuvent être personnalisées.

Standard	Appuyées	Raccourcies
¡Hola!	*	*
¡Hola, buenos días!	¡Muy buenos días!	*
¡Hola, buenas tardes!	¡Muy buenas tardes!	¡Buenas! ou ¡Muy buenas! (sous-entendu : tardes ou noches)
¡Hola, buenas noches!	¡Muy buenas noches!	

Pour prendre congé

Au revoir !	¡Hasta luego!	**as**ta lou**é**go
	¡Nos vemos!	noss **bé**moss
À bientôt !	¡Hasta pronto!	**as**ta p**Ro**'nto
À demain !	¡Hasta mañana!	**as**ta ma**gna**na
Adieu ! / Au revoir !	¡Adiós!*	adi**o**ss

* **Adiós** est plus courant que son équivalent français *adieu*, car il n'a pas forcément la connotation d'adieu définitif.

Pour s'adresser aux personnes

Monsieur, Messieurs	**Señor, Señores**	sé**gnoR** sé**gnoR**éss
Madame, Mesdames	**Señora, Señoras**	sé**gno**Ra sé**gno**Rass
Mademoiselle, Mesdemoiselles	**Señorita, Señoritas**	sé**gnoRi**ta sé**gnoRi**tass

On utilise **don** *[do'n]* ou **doña** *[dogna]* devant le prénom pour marquer un respect appuyé, avec des personnes âgées par exemple : **Don Andrés**, **Doña María**.

Les salutations s'agrémentent parfois de petites tournures qui soulignent le contact, de façon chaleureuse, tendre ou louangeuse : **¡Hasta luego, niño! ¡Hola, guapa!**

Souhaits

La bienvenida, *la bienvenue*, s'accorde en genre et en nombre avec la personne à qui on la souhaite.

¡Bienvenido(s)!	bié'nb**é**nido(ss)
¡Bienvenida(s)!	bie'nb**é**nida(ss)

Autres formules de souhaits, à table ou avant un voyage :

Santé !	¡Salud!	sa**lou**d
Bon appétit !	¡Buen provecho!	bou**é'n** pRo**bé**tcho
	¡Que aproveche!	qué apRo**bé**tché
Bon voyage !	¡Buen viaje!	bou**é'n** bia**Hé**

Accords, désaccords

Oui.	Sí.	si
Bien sûr.	Claro.	**cla**Ro
	Claro que sí.	**cla**Ro qué si
	Por supuesto.	poR soupou**é**sto
D'accord.	De acuerdo.	dé acou**é**Rdo
	Vale.	**ba**lé
Non.	No.	no
Je suis désolé(e).	Lo siento.	lo sié**'n**to
Pas du tout.	En absoluto.	é**'n** abso**lou**to
Bien sûr que non.	Claro que no.	**cla**Ro qué no
	Por supuesto que no.	poR soupou**é**sto qué no

Questions, réponses

Quand ?, ¿Cuándo?

Quand ouvrez-vous ?   *J'ouvre à cinq heures.*
¿Cuándo abre usted?   **Abro a las cinco.**
coua**'n**do a**b**Ré ous**té**d   a**b**Ro a lass **Zi'n**co

Où ?, ¿Dónde? / ¿Adónde? *(avec idée de mouvement)*

Où vivez/habitez-vous ?
¿Dónde vive usted?
do'ndé **bi**bé ous**té**d

CONVERSATION

Je vis/J'habite à...	Vivo en...	*bibo é'n*
Paris/Bruxelles/ Genève/Montréal/ Dakar/Lomé/Yaoundé/ Alger.	**París/Bruselas/ Ginebra/Montreal/ Dakar/Lomé/Yaundé/ Argel.**	*paRiss bRoussélass Hinébra mo'ntRéal dakaR lomé yaou'ndé aRHél*

Où vas-tu ?
¿Adónde vas?
ado'ndé bass

Je vais en Espagne.
Voy a España.
boï a éspagna

Comment ?, ¿Cómo?

Comment vas-tu ?
¿Cómo estás?
como éstass

Je vais bien.
Estoy bien.
éstoï bié'n

Pourquoi ? / Parce que, ¿Por qué? / Porque

Pourquoi pars-tu ?
¿Por qué te vas?
poR qué té bass

Parce que je suis pressé(e).
Porque tengo prisa.
poRqué té'ngo pRissa

Qui ?, ¿Quién?

Qui est le dernier ?
¿Quién es el último?
quié'n éss él oultimo

C'est moi.
Soy yo.
soï io

Combien ?, ¿Cuánto?

Combien ça coûte ?
¿Cuánto cuesta?
coua'nto couésta

Pour remercier

Merci.	Gracias.	*g**Ra**Ziass*
Merci beaucoup.	Muchas gracias.	*mouchass g**Ra**Ziass*
De rien. / Je vous en prie.	De nada.	*dé **na**da*
Il n'y a pas de quoi.	No hay de qué.	*no **aï** dé qué*

Langage du corps

Dans un contexte amical, la simple poignée de mains pourra passer pour de la froideur. Il est préférable de l'accompagner d'une petite tape sur l'épaule. En général, on n'hésite pas à se donner une franche *accolade* (**el abrazo**) assortie de *tapes* sonores (**las palmadas**) dans le dos. Avec les femmes (et entre femmes), c'est *la bise* (**el beso**) : deux en Espagne.

Langues et compréhension

Parlez-vous français ?
¿Habla usted francés?
*abla ous**té**ᵈ fRa'n**Zéss***

Je ne comprends pas.
No entiendo.
*no é'nti**é**'ndo*

Pouvez-vous...	¿Puede usted...	*pou**é**dé ous**té**ᵈ*
répéter ?	repetir?	*rrépé**tiR***
parler plus lentement ?	hablar más despacio?	*a**blaR** mass dés**pa**Zio*
épeler le mot ?	deletrear la palabra?	*délét**R**éar la pa**lab**Ra*

Que veut dire...?
¿Qué quiere decir...?
*qué qui**é**Ré dé**ZiR***

Que signifie... ?
¿Qué significa...?
*qué sig'ni**fi**ca*

CONVERSATION

↗ Rencontre et présentation
Se rencontrer

Avec une personne nettement plus âgée que vous, c'est le vouvoiement qui s'impose. Dans le reste des cas, le tutoiement est fréquent, mais pas automatique. Vous pouvez utiliser une expression passe-partout pour éviter de choisir, puis attendre le déroulement de la conversation afin de savoir quoi faire !

Bonjour, comment ça va ?	Hola, ¿qué tal?	o**la** qué tal
Bien. *Très bien.*	Bien. Muy bien.	bi**é'n** mou**i** bi**é'n**
Très très bien.	Divinamente. Estupendamente.	dibina**mé'n**té éstoupé'nda**mé'n**te
Comme ci comme ça.	Así así. Regular.	a**ssi** a**ssi** rrégou**laR**
On fait aller.	Tirando.	ti**Ra'n**do
Mal. *Très mal.*	Mal. Muy mal. Fatal.	mal mou**i** mal fa**tal**

Si la situation s'y prête, on peut vous proposer le tutoiement :

On se tutoie, d'accord ?
Vamos a tutearnos, ¿te parece?
bamoss a touté**a**Rnoss té pa**Ré**Zé

Ne me vouvoie pas, s'il te plaît !
¡No me trates de usted, por favor!
no mé **tRa**téss dé ous**té**ᵈ poR fa**Bo**R

Quelques phrases usuelles pour chacun des **tratamientos** :

Comment vas-tu ?	¿Cómo estás?	co*mo* é**stass**
Comment allez-vous ?	¿Cómo está usted?	co*mo* ésta ousté*d*
Bien, et toi ?/et vous ?	Bien, ¿y tú?/¿y usted?	bié*n* i tou i ousté*d*

Pour manifester votre joie de rencontrer quelqu'un, vous pouvez aussi utiliser la sympathique tournure **¡Dichosos los ojos!** (litt. "Heureux les yeux ! ").

Se présenter ou présenter quelqu'un

Les Espagnols portent un *nom de famille* double (**los apellidos**) : celui du père et celui de la mère. À ne pas confondre avec **el nombre**, *le prénom*. Celui-ci prend souvent un **diminutivo**, *diminutif* : **-ito** et **-ita** sont les plus courants (**Miguelito** pour **Miguel**, **Anita** pour **Ana**). Parfois, les transformations sont plus radicales : **Pepe** pour **José**, **Paco** ou **Curro** pour **Francisco**, **Carmela** pour **Carmen**, **Lola** pour **Dolores**…

Comment t'appelles-tu ?	¿Cómo te llamas?	co*mo* té lyamass
Comment vous appelez-vous ?	¿Cómo se llama usted?	co*mo* sé lyama ousté*d*
Je m'appelle…	Me llamo…	mé lyamo
Je te présente…	Te presento a…	té pRéssé'*n*to a
Enchanté, enchantée.	Encantado, encantada. Tanto gusto.	é'*n*ca'*n*tado é'*n*ca'*n*tada ta'*n*to **gous**to

Bonjour, ça va ? Je m'appelle Juan.
Hola, ¿qué hay? Soy Juan.
o*la qué aï soï Houa'n*

Enchantée, moi c'est Luisa.
Encantada, yo soy Luisa.
é'nca'n**ta**da i**o** so**ï** lou**i**ssa

Enchanté.
Tanto gusto.
ta'nto gousto

Je te présente mon ami Rafa.
Te presento a mi amigo Rafa.
té pRé**ssé'n**to a mi a**mi**go **rra**fa

Tu connais Laura ? C'est ma fiancée.
¿Conoces a Laura? Es mi novia.
co**no**Zéss a l**a**ouRa éss mi **no**bia

Dire d'où l'on vient

D'où es-tu ?
¿De dónde eres?
dé **do'n**dé é**R**éss

D'où êtes-vous ?
¿De dónde es usted?
dé **do'n**dé éss ousté^d

Je suis…	Soy…	soï
algérien, algérienne.	argelino, argelina.	aRH**é**lino aRH**é**lina
belge.	belga.	**bél**ga
camerounais, camerounaise.	camerunés, camerunesa.	caméRoun**éss** caméRoun**é**ssa
canadien, canadienne.	canadiense.	canadié'nsé
français, française.	francés, francesa.	fRa'n**Zéss** fRa'n**Zé**ssa
sénégalais, sénégalaise.	senegalés, senegalesa.	sénégal**éss** sénégal**é**ssa
marocain, marocaine.	marroquí.	marro**qui**
suisse.	suizo, suiza.	soui**Zo** soui**Za**
tunisien, tunisienne.	tunecino, tunecina.	touné**Zi**no touné**Zi**na

Vous pouvez aussi donner quelques indications générales :

Où habites-tu ?　　　　　　　*Où habitez-vous ?*
¿Dónde vives?　　　　　　　**¿Dónde vive usted?**
do'ndé bibéss　　　　　　　　*do'ndé bibé ousté^d*

J'habite dans…	Vivo en…	*bibo é'n*
une ville moyenne.	una ciudad mediana.	*ouna Zioudа^d médiana*
un village.	un pueblo.	*ou'n pouéblo*
la banlieue de…	las afueras de…	*lass afouéRass dé*

Dire son âge

Pour les chiffres, reportez-vous aux rabats. Attention à 21, 31, 41, etc. : devant le mot **años**, **uno** devient **un**.

Quel âge as-tu ?	**¿Qué edad tienes?**	*qué éda^d tiénéss*
	¿Cuántos años tienes?	*coua'ntoss agnoss tiénéss*
Quel âge avez-vous ?	**¿Qué edad tiene usted?**	*qué éda^d tiéné ousté^d*
	¿Cuántos años tiene usted?	*coua'ntoss agnoss tiéné ousté^d*
J'ai trente et un ans.	**Tengo treinta y un años.**	*té'ngo tRéi'nta i ou'n agnoss*
Je suis né en 1980.	**Nací en 1980.**	*naZi é'n milnobéZié'ntoss otché'nta*

Famille

L'attachement aux valeurs familiales reste fort en Espagne et il n'est pas rare par exemple de voir cohabiter sous le même toit plusieurs générations, des grands-parents aux petits-enfants. Cela dit, la révolution des mœurs de l'après-franquisme a profondément secoué les façons de vivre ensemble.

Pour parler de votre situation familiale :

Je suis…	Estoy…	éstoï
marié(e).	casado, casada.	ca**ss**ado ca**ss**ada
célibataire.	soltero, soltera.	sol**té**Ro sol**té**Ra
divorcé(e).	divorciado, divorciada.	diboRZiado diboRZiada
Je suis veuf, veuve.	Soy viudo, viuda.	soï bi**ou**do bi**ou**da
J'ai des enfants.	Tengo hijos.	**té**'**n**go iHoss
Nous n'avons pas d'enfants.	No tenemos hijos.	no té**n**é**moss** iHoss
Nous avons deux filles et un garçon.	Tenemos dos hijas y un hijo.	té**n**é**moss** dos iHass i ou'n iHo

La famille directe (**la familia**) se distingue de *la belle-famille* (**la familia política**).

famille	familia	familia
parents	padres	**pad**Réss
père, mère	padre, madre	**pad**Ré **mad**Ré
frère, sœur	hermano, hermana	é**R**mano é**R**mana
oncle, tante	tío, tía	tio tia
neveu, nièce	sobrino, sobrina	sob**R**ino sob**R**ina
cousin, cousine	primo, prima	**p**Rimo **p**Rima
grands-parents	abuelos	abou**é**loss
grand-père, grand-mère	abuelo, abuela	abou**é**lo abou**é**la
petit-fils, petite-fille	nieto, nieta	ni**é**to ni**é**ta
belle-famille	familia política	familia politica
beau-frère, belle-sœur	cuñado, cuñada	cou**g**nado cou**g**nada
gendre, belle-fille	yerno, nuera	i**é**Rno nou**é**Ra
beau-père, belle-mère	suegro, suegra	sou**é**gRo sou**é**gRa

Emploi, occupation, études

Après les présentations, vous n'échapperez sûrement pas aux questions concernant votre situation professionnelle.

Que fais-tu dans la vie ?
¿A qué te dedicas?
a qué té dédicass

Que faites-vous dans la vie ?
¿A qué se dedica usted?
a qué sé dédica oustéᵈ

Tu travailles dans quoi ?
¿En qué trabajas?
é'n qué tRabaHass

Vous travaillez dans quoi ?
¿En qué trabaja usted?
e'n qué tRabaHa oustéᵈ

Je suis...	Soy...	soï
agriculteur.	agricultor.	agRicoul**toR**
cadre.	ejecutivo.	éHé**cou**tibo
chef d'entreprise.	empresario.	e'mpRé**ssa**Rio
employé.	empleado.	é'mplé**a**do
femme au foyer.	ama de casa.	**a**ma dé **ca**ssa
fonctionnaire.	funcionario.	fou'nZio**na**Rio
ouvrier.	obrero.	ob**Ré**Ro
travailleur indépendant.	autónomo.	aou**to**nomo

Je travaille dans...	Trabajo en...	tRa**ba**Ho é'n
le bâtiment.	la construcción.	la co'nstRoucZio'n
l'enseignement.	la enseñanza.	la é'nsé**gna'n**Za
le commerce.	el comercio.	él co**méR**Zio
la recherche.	investigación.	i'nbéstiga**Z**io**'n**
la police.	la policía.	la poli**Z**ia

CONVERSATION

J'exerce une profession libérale.
Ejerzo una profesión liberal.
é**HeR**Zo **ou**na pRoféssio'n libé**Ral**

La conversation peut aussi tourner autour des études.

Tu fais des études ou tu travailles ?
¿Estudias o trabajas?
és**tou**diass o tRa**ba**Hass

Je suis collégien(ne).	Estoy haciendo la ESO.	éstoï aZié'ndo la ésso
Je suis lycéen(ne).	Estoy haciendo bachillerato.	éstoï haZié'ndo batchilyéRato
Je suis étudiant(e).	Estoy estudiando la carrera.	éstoï éstoudia'ndo la carréRa
J'ai une bourse Erasmus.	Tengo una beca Erasmus.	té'ngo ouna béca éRasmouss

Avec ou sans études, entrer dans le monde du travail n'est pas tâche facile, et le sujet occupe nombre de conversations entre jeunes Espagnols.

Le Pôle Emploi.
El INEM.
él iném

Je suis...	Estoy...	éstoï
au chômage.	en el paro.	é'n él paRo
en stage.	haciendo prácticas.	aZié'ndo pRacticass
dans une entreprise.	en una empresa.	é'n ouna é'mpRéssa
en formation.	haciendo un cursillo.	aZié'ndo ou'n couRsilyo

Religion, traditions

Religion d'État jusqu'en 1978, le catholicisme reste largement dominant en Espagne. Dans le détail, la réalité est moins tranchée, puisque moins de 15 % des croyants se déclarent pratiquants. Quoi qu'il en soit, l'Espagne est imprégnée de tradition catholique : **María** et **José**, par exemple, sont les prénoms les plus portés, et on célèbre **el santo** d'une personne (sa *fête*) à l'égal de son anniversaire.

Tu es croyant ?	*Vous êtes croyant ?*
¿Eres creyente?	**¿Es usted creyente?**
é**R**éss c**R**éyé'**n**té	éss ous**té**[d] c**R**éyé'**n**té

Oui, je crois en Dieu.	**Sí, creo en Dios.**	si c**R**éo é'n di**o**ss
Non, je ne crois pas en Dieu.	**No, no creo en Dios.**	no no c**R**éo é'n di**o**ss
Je suis croyant mais je ne suis pas pratiquant.	**Soy creyente pero no soy practicante.**	s**o**ï c**R**éyé'**n**té **p**é**R**o no s**o**ï p**R**actica'**n**té

Je vais régulièrement...	**Suelo ir...**	sou**é**lo i**R**
prier.	**a rezar.**	a **rR**é**Z**a**R**
à l'église.	**a la iglesia.**	a la ig**lé**ssia
à la messe.	**a misa.**	a **mi**ssa
au temple.	**al templo.**	al **té'm**plo
à la mosquée.	**a la mezquita.**	a la mé**Z**quita
à la synagogue.	**a la sinagoga.**	a la sina**go**ga

Je suis...	**Soy...**	s**o**ï
agnostique.	**agnóstico, agnóstica.**	ag'**nos**tico ag'**nos**tica
athée.	**ateo, atea.**	at**é**o at**é**a
bouddhiste.	**budista.**	bou**di**sta

catholique.	católico, católica.	catolico catolica
évangéliste.	evangelista.	éba'nHélista
juif, juive.	judío, judía.	Houdio Houdia
musulman(e).	musulmán, musulmana.	moussoulma'n moussoulmana
orthodoxe.	ortodoxo, ortodoxa.	oRtodokso oRtodoksa
protestant(e).	protestante.	pRotésta'nté

Le temps qu'il fait

El hombre del tiempo, *Monsieur Météo*, est en Espagne comme dans bien des pays un des oracles les plus populaires.

Quel temps va-t-il faire demain ?
¿Qué tiempo va a hacer mañana?
qué tié'mpo ba a aZéR magnana

Il va faire…	Va a hacer…	ba a aZéR
beau.	buen tiempo.	boué'n tié'mpo
chaud.	calor.	caloR
très chaud.	mucho calor.	moutcho caloR
froid.	frío.	fRio
très froid.	mucho frío.	moutcho fRio
mauvais temps.	mal tiempo.	mal tié'mpo

Il va…	Va a…	ba a
pleuvoir.	llover.	lyobéR
neiger.	nevar.	nébaR
y avoir du vent.	hacer viento.	aZéR bié'nto
faire nuageux.	estar nublado.	éstaR noublado

Sentiments et opinions

Tu aimes danser ?
¿Te gusta bailar?
té gousta baïlaR

Oui, j'adore !
Sí, ¡me encanta!
si mé é'nca'nta

Moi aussi !
¡A mí también!
a mi ta'mbié'n

Non, je n'aime pas.
No, no me gusta.
no no mé gousta

Moi non plus.
A mí tampoco.
a mi ta'mpoco

Comment as-tu trouvé le film ?	¿Qué te ha parecido la película?	qué té a paRéZido la pélicoula
J'ai adoré.	Me ha encantado.	mé a é'nca'ntado
Je l'ai trouvé très drôle.	Me ha parecido divertidísima.	mé a paRéZido dibéRtidissima
Je n'ai pas aimé du tout.	No me ha gustado nada.	no mé a goustado nada

Si la conversation demande une expression plus précise des opinions, vous pouvez ajouter :

Je pense que...	Pienso que...	pié'nso qué
Je crois que...	Creo que...	cRéo qué
Je suppose que...	Supongo que...	soupo'ngo qué
J'ai horreur de...	Me horroriza...	mé orroRiZa
J'ai l'impression que...	Tengo la sensación de que...	té'ngo la sé'nsaZio'n dé qué

CONVERSATION

Invitation, visite

En Espagne, une part importante de la vie sociale se déroule à l'extérieur : on sort **de tapas**, **de copas** ou **de marcha** avec ses amis sans trop de formalités. À l'occasion on vous invitera aussi à domicile :

Je vais organiser...	Voy a hacer...	boï a a**Zé**R
un déjeuner.	una comida.	**ou**na comida
un dîner.	una cena.	**ou**na **Zé**na
une fête d'anniversaire.	una fiesta de cumpleaños.	**ou**na fi**é**sta dé cou'mpl**é**agnoss

Tu veux venir ?	¿Te apetece venir?	té ap**é**t**é**Zé bé**niR**
Bien sûr, je viendrai très volontiers.	Por supuesto, iré con mucho gusto.	poR soupou**é**sto i**Ré** co'n **mou**tcho **gous**to
Je suis désolé, je suis pris.	Lo siento, tengo un compromiso.	lo si**é**'nto **té'n**go ou'n co'mpRo**mi**sso
Merci de m'avoir invité.	Gracias por la invitación.	g**Ra**Ziass pòR la i'nbitaZio'n

Nous avons passé un très bon moment.
Lo hemos pasado muy bien.
lo **é**moss pa**ss**ado moui bi**é**'n

Un rendez-vous ?

La cita est un terme un peu formel pour dire *le rendez-vous*. Entre amis, il vaut mieux utiliser le verbe **quedar**, qui s'emploie dans diverses formules (pour les rendez-vous formels, voir «Rendez-vous professionnels»).

On se voit quand ?
¿Cuándo quedamos?
cuándo quédamoss

On se voit à quelle heure ?
¿A qué hora quedamos?
a qué oRa quédamoss

J'ai rendez-vous avec des amis.
He quedado con unos amigos.
é quédado co'n ounoss amigoss

J'ai rendez-vous ce soir.
He quedado esta noche.
é quédado ésta notché

Je ne peux pas, j'ai déjà rendez-vous.
No puedo, ya he quedado.
no pouédo ya é quédado

Tu as rendez-vous avec quelqu'un ?
¿Has quedado con alguien?
ass quédado co'n alguié'n

On se voit pour...	¿Quedamos para...	quédamoss paRa
prendre l'apéritif ?	tomar el aperitivo?	tomaR él apéRitibo
aller au cinéma ?	ir al cine?	iR al Ziné
faire des courses ?	ir de compras?	iR dé co'mpRass
prendre un verre ?	tomar una copa	tomaR ouna copa
sortir ?	ir de marcha?	iR dé maRtcha
faire la tournée des bars ?	ir de copas?	iR dé copass

La drague et l'amour

Même si parfois les gestes sont suffisants, un peu de vocabulaire ne saurait nuire au succès de vos entreprises. Le choix est large : classique, romantique, direct, inspiré, imagé voire poétique, à vous de choisir votre discours amoureux ! Une curiosité très

CONVERSATION

espagnole : le **piropo**, le *compliment*. Cette tradition est certes un peu en repli face au développement de formes plus rudimentaires d'interaction, mais l'on entend encore des garçons adresser un **piropo** à une fille qui passe. Un exemple entre mille : **¡Dime cómo te llamas, que te pido para Reyes!**, *Dis-moi comment tu t'appelles, et je te demande en cadeau pour Noël !*

Avant de vous lancer, évaluez bien les forces en présence.

Il est canon, il est sexe.	Está bueno, buenísimo.	ésta bouéno bouénissimo
Elle est canon, elle est bonne.	Está buena, buenísima.	ésta bouéna bouénissima
C'est une bombe (elle et lui).	Está como un tren. Está como un queso.	ésta como ou'n tRé'n ésta como ou'n quésso
Il/Elle est bien gaulé(e).	Está macizo, está maciza.	ésta maZiZo ésta maZiZa
Il/Elle est mignon(ne).	Es mono, es mona.	éss mono éss mona
Il/Elle est adorable.	Es un encanto.	éss ou'n é'nca'nto
Il/Elle a du charme.	Tiene ángel.	tiéné a'nHél
Il/Elle est doux/douce, tendre.	Es muy dulce, es tierno, es tierna.	éss moui doulZé éss tiéRno éss tiéRna
Il/Elle est drôle.	Es salado, es salada.	éss salado éss salada
Il/Elle est beau (belle).	Es guapo, es guapa.	éss gouapo éss gouapa
Il/Elle est laid(e).	Es feo, es fea.	éss féo éss féa
Il/Elle est moche, c'est un monstre.	Es un callo. Es un feto. Es un horror de tío, de tía.	éss ou'n calyo éss ou'n féto éss ou'n orroR dé tio dé tia

Maintenant, à vous de jouer...

draguer	ligar	ligaR
J'ai dragué un canon.	He ligado con un tío bueno/una tía buena.	é ligado co'n ou'n tio bouéno ouna tia bouéna

C'est un tombeur de minettes.	Es un ligón de playa.	éss ou'n li**go'n** dé **pla**ya
Il/Elle est collant(e).	Es pegajoso, es pegajosa.	éss péga**Ho**sso éss péga**Ho**ssa
Il/Elle est antipathique.	Es un cardo.	éss ou'n **caR**do
Il a des mains partout.	Es un pulpo.	éss ou'n **poul**po
J'ai une touche avec lui/elle.	Le hago tilín.	lé **a**go ti**li'n**
Il/Elle t'a tapé dans l'oeil.	Te hace tilín.	té a**Z**é ti**li'n**
Il/Elle me tourne autour.	Me está tirando los tejos.	mé **és**ta ti**Ra'n**do loss **té**Hoss

Vous voulez déclarer votre flamme ? Vous pouvez en rester à **Te quiero**, *Je t'aime*, ou préciser votre pensée.

Je t'aime, je n'arrête pas de penser à toi.
Te quiero, no dejo de pensar en ti.
té qui**é**Ro no **dé**Ho dé pé'n**saR** en ti

Je t'adore, je n'en dors plus.
Te adoro, me quitas el sueño.
té a**do**Ro mé **qui**tass él sou**é**gno

Je suis amoureux de toi.
Estoy enamorado de ti.
és**toï** énamo**Ra**do dé ti

Tu me plais, tu es adorable.
Me gustas, eres un encanto.
mé **gous**tass é**rés**s ou'n é'n**ca'n**to

Ça te dit de sortir avec moi ?
¿Te apetece salir conmigo?
té apé**té**Zé sa**liR** co'n**mi**go

Tu me manques.
Te echo de menos.
te **é**tcho de **mé**noss

Je t'ai dans la peau.
Estoy colado por ti. / Estoy por ti. / Estoy por tus huesos.
és**toï** co**la**do poR ti és**toï** poR ti és**toï** poR touss ou**é**ssoss

CONVERSATION

Tu veux ou tu veux pas ? Soyez prêt à toute éventualité…

J'ai couché avec…	Me he acostado con…	mé é aco**sta**do co'n
	Me he liado con…	mé é **lia**do co'n
	Me he enrollado con…	mé é'nrroly**a**do co'n
	He tenido un rollo con…	é té**ni**do ou'n **rro**lyo co'n
Je me suis fait…	Me he tirado a…	mé é ti**Ra**do a

tirer un coup	echar un polvo/quiqui	é**tcha**R ou'n **pol**bo/**qui**qui
s'envoyer en l'air	darse un revolcón	**da**Rsé ou'n rrébol**co'n**
s'embrasser	besarse	bé**ssa**Rsé
se bécoter	morrearse	morré**a**Rsé

Parfois, le rapprochement est tout simplement impossible :

Je suis en couple.	Tengo pareja.	**té**'ngo pa**Ré**Ha
J'ai pris un rateau.	Me ha dado calabazas.	mé a **da**do calaba**Za**ss
Tu t'es vu ?	¿De qué vas?	dé qué bass
Tu es à côté de la plaque.	Te estás columpiando.	té **és**tass colou'mpia'ndo
Fiche-moi la paix !	¡Déjame en paz!	**dé**Hamé é'n paZ

Le premier pas a été franchi ? Bravo ! Mais n'oubliez pas d'entretenir la flamme avec quelques mots doux…

mon chéri, ma chérie	cariño, cariño mío	ca**Ri**gno ca**Ri**gno mio
mon amour	mi amor	mi a**mo**R
"ma vie"	mi vida	mi **bi**da
"joli visage"	cara bonita	**ca**Ra bo**ni**ta
"joli, jolie"	precioso, preciosa	p**Ré**Zi**o**sso p**Ré**Zi**o**ssa

Temps, dates et fêtes

Dire l'heure

Quelle heure est-il ?
¿Qué hora es?
*qué **o**Ra éss*

Avez-vous l'heure, s'il vous plaît ?
¿Tiene usted hora, por favor?
*ti**é**né ous**té**[d] **o**Ra poR fa**boR***

À quelle heure fermez-vous ?
¿A qué hora cerráis?
*a qué **o**Ra Zé**rra**ïss*

À quelle heure le train part-il ?
¿A qué hora sale el tren?
*a qué **o**Ra **sa**lé él tRé'n*

Les Espagnols préfèrent utiliser les chiffres de 1 à 12, en précisant éventuellement s'il s'agit du matin ou du soir. Autre particularité : on ne dit pas *midi/minuit vingt*, mais littéralement "les douze et vingt du matin/de la nuit". Attention enfin aux horaires espagnols : si l'on vous propose un rendez-vous **a mediodía**, on vous retrouvera plus probablement vers 13 voire 14 heures…

Il est 0 h 25.
Son las doce y veinticinco (de la noche).
*so'n lass **do**Zé i béi'nti**Zi'n**co dé la **no**tché*

Il est une heure (du matin).
Es la una en punto (de la mañana).
*éss la **ou**na é'n **pou'n**to dé la ma**gna**na*

Il est 2h45 (du matin).
Son las tres menos cuarto (de la mañana).
so'n lass tréss ménoss couaRto dé la magnana

Il est midi cinq.
Son las doce y cinco (de la mañana).
so'n lass doZé i Zi'nco dé la magnana

Il est 13h15.
Es la una y cuarto (de la tarde).
éss la ouna i couaRto dé la taRdé

Il est 16h40.
Son las cinco menos veinte (de la tarde).
so'n las Zi'nco ménoss béi'nté dé la taRdé

Il est 18h30.
Son las seis y media (de la tarde).
so'n lass séiss i média dé la taRdé

Il est 22h10.
Son las diez y diez (de la noche).
so'n lass diéZ i diéZ dé la notché

Dire une date

N'oubliez pas de mettre la préposition **de** devant le mois et devant l'année : *28 mars 2013*, **28 de marzo de 2013**.

Quel jour sommes-nous ?
¿Qué día es hoy?
qué dia éss oï

Nous sommes le lundi 28 mars.
Es lunes, 28 de marzo.
*éss **lou**néss béïntiotcho dé **maR**zo*

Les jours de la semaine

lundi	lunes	**lou**néss
mardi	martes	**maR**téss
mercredi	miércoles	mi**é**Rcoléss
jeudi	jueves	Hou**é**béss
vendredi	viernes	bi**é**Rnéss
samedi	sábado	**sa**bado
dimanche	domingo	do**mi'**ngo

Les mois de l'année

janvier	enero	é**né**Ro
février	febrero	féb**Ré**Ro
mars	marzo	**maR**Zo
avril	abril	ab**Ril**
mai	mayo	**ma**yo
juin	junio	**Hou**nio
juillet	julio	**Hou**lio
août	agosto	a**gos**to
septembre	septiembre	séptié**'**mbRé
octobre	octubre	oc**toub**Ré
novembre	noviembre	nobi**é'**mbRé
décembre	diciembre	diZi**é'**mbRé

CONVERSATION

Vocabulaire du temps, des jours et des saisons

Adverbes et locutions adverbiales de temps

à la fin, finalement	al final, finalmente	al final final**mé'n**té
alors	entonces	é'n**to**'n**Z**éss
après	después (de)	déspou**éss** dé
avant	antes (de)	**a**'n**t**éss dé
d'abord	primero	p**R**i**mé**Ro
dans trois jours	dentro de tres días	**dé'n**tRo dé t**R**éss diass
de temps en temps	de vez en cuando	dé bé**Z** é'n coua'ndo
deux fois par jour	dos veces al día	doss **bé**Z**é**ss al dia
doucement	despacio	dés**pa**Zio
ensuite	luego	lou**é**go
il y a deux jours	hace dos días	a**Z**é doss diass
jamais	nunca / jamás	**nou'n**ca **Ha**mass
maintenant	ahora	ao**R**a
parfois	a veces	a **bé**Z**é**ss
pendant	durante	dou**Ra**'nté
pendant ce temps	mientras tanto	mi**é'n**tRass **ta**'nto
plus tard	más tarde	mass ta**R**dé
rarement	pocas veces	**po**cass **bé**Z**é**ss
souvent	a menudo	a **mé**nou**d**o
tard	tarde	ta**R**dé
tôt	temprano	té'm**pRa**no
toujours	siempre	si**é**'m**pR**é
tous les jours	cada día	**ca**da dia
tout de suite	ya / enseguida / ahora mismo	ya é'ns**é**gu**i**da ao**R**a **mi**smo
une fois par an	una vez al año	**ou**na bé**Z** al **a**gno
vite	rápido / deprisa	**rra**pido dép**R**issa

Se repérer dans le temps...

année	el* año	él **a**gno
année prochaine	el año que viene	él **a**gno qué bi**é**né
anniversaire	cumpleaños	cou'mpl**é**agnoss
après-demain	pasado mañana	pass**a**do ma**g**n**a**na
aube	el amanecer	él aman**é**Z**é**R
aujourd'hui	hoy	o**ï**
avant-hier	anteayer	a'ntéay**é**R
avant-hier soir	anteanoche	a'ntéa**no**tché
demain	mañana	ma**g**n**a**na
fête	el santo	él **sa**'nto
hebdomadaire	semanal	séma**nal**
hier	ayer	ay**é**R
hier soir	anoche	a**no**tché
jour	día	d**i**a
mois	mes	m**é**ss
se coucher tard	trasnochar	tRasno**tcha**R
se lever tôt	madrugar	madRou**ga**R
semaine	semana	sé**ma**na
tombée de la nuit	el anochecer	él anotché**Zé**R
tombée du jour	el atardecer	él ataRdé**Zé**R
week-end	fin de semana	fi'n dé sé**ma**na

* Nous vous signalons le genre des noms lorsqu'il n'est pas le même en français et en espagnol : soit en soulignant l'article (pour les mots les plus usuels) soit par le biais des mentions (m.) ou (f.).

Attention ! Lorsqu'un Espagnol utilise les mots *le matin, le soir*, etc., pour se situer dans la journée, il introduit des prépositions : *Le matin, je prends un café au lait,* **Por la mañana, me tomo un café con leche.**

CONVERSATION

au petit matin	de madrugada	dé madRougada
le matin	por la mañana	poR la magnana
à mi-journée	a mediodía	a médiodia
l'après-midi / le soir	por la tarde	poR la taRdé
la nuit	por la noche	poR la notché

Les saisons

saison	estación	éstaZio'n
printemps	la primavera	la pRimabéRa
été	verano	béRano
automne	otoño	otogno
hiver	invierno	i'nbiéRno

Jours fériés

L'Espagne compte dix jours fériés nationaux. Décembre est particulièrement bien loti, avec bien sûr Noël, mais aussi deux jours fériés proches (le 6 et le 8), qui donnent lieu au **puente de diciembre**, *le pont de décembre*.

- Le 1ᵉʳ janvier : **Año Nuevo**, *le Jour de l'an*.
- Le 6 janvier : **Día de Reyes**, *l'Épiphanie*.
- Mars-avril : **Viernes Santo**, *le Vendredi saint*.
- Le 1ᵉʳ mai : **Fiesta del Trabajo**, *la fête du Travail*.
- Le 15 août : **La Virgen**, *l'Assomption*.
- Le 12 octobre : **Día de la Hispanidad**, *le Jour de l'Hispanité*, fête nationale (anniversaire de l'arrivée de Christophe Colomb en Amérique).
- Le 1ᵉʳ novembre : **Todos los Santos**, *la Toussaint*.
- Le 6 décembre : **Día de la Constitución**, *l'anniversaire de la Constitution de 1978*.

- Le 8 décembre : **Fiesta de la Inmaculada**, *la fête de l'Immaculée Conception*.
- Le 25 décembre : **Navidad**, *Noël*.

Il reste quatre autres jours fériés, deux pour chaque **Comunidad Autónoma** et deux pour chaque localité. L'un d'eux doit son existence au saint patron (ou à la sainte patronne) de la ville ou du village : **San Isidro** à Madrid, le 15 mai ; **la Mercè** le 24 septembre à Barcelone, etc.

↗ Appel à l'aide

Urgences

En cas de besoin, le **teléfono de emergencias** gratuit est le 112 : il réceptionne tous les appels d'urgence et les renvoie vers le service concerné. Quelques phrases pour attirer l'attention ou demander de l'aide :

Au secours !	**¡Socorro!**	so**co**rro
	¡Auxilio!	aou**ksi**lio
	¡Ayuda!	a**you**da
Au feu !	**¡Fuego!**	fou**é**go
Vite, appelez…	**¡Rápido, llamen…**	**rr**apido lyamé'n
une ambulance !	**una ambulancia!**	**ou**na a'mboul**a'n**Zia
un médecin !	**a un médico!**	a ou'n **mé**dico
la police !	**a la policía!**	a la poli**Zi**a
les pompiers !	**a los bomberos!**	a loss bo'm**bé**Ross
Il y a un blessé.	**Hay un herido.**	aï ou'n é**Ri**do
Il y a beaucoup de fumée.	**Hay mucho humo.**	aï **mou**tcho **ou**mo
Il y a une inondation.	**Hay una inundación.**	aï **ou**na inou'nda**Zio**'n

Sur la route

En principe, votre assurance vous assiste en cas de panne ou d'accident et un numéro d'appel au dos de votre Carte Verte doit vous permettre de vous expliquer dans votre propre langue. Cela dit, vous pouvez aussi être amené à solliciter directement de l'aide en espagnol.

J'ai besoin qu'on m'envoie une dépanneuse au kilomètre... de l'autoroute parce que...	Necesito que me envíen una grúa al km.... de la autopista porque...	néZéssito qué mé é'nbié'n ouna gRoua al kilométRo de la aoutopista porqué
je suis en panne.	tengo una avería.	té'ngo ouna abéRia
j'ai eu un accident.	he tenido un accidente.	é ténido ou'n akZidé'nté
je ne peux pas démarrer ma voiture.	no puedo arrancar el coche.	no pouédo arra'ncaR él cotché
je n'ai plus d'essence.	me he quedado sin gasolina.	mé é quédado si'n gassolina
j'ai crevé deux pneus.	he pinchado dos ruedas.	é pi'ntchado doss rrouédass
je n'ai pas de roue de secours.	no llevo rueda de recambio.	no lyébo rrouéda dé rréca'mbio

↗ Panneaux et sigles

Panneaux

La majorité des panneaux sont illustrés par un pictogramme... Voici une petite liste de ceux qui pourraient éventuellement vous poser problème.

Arrivées	Llegadas	lyégadass
Attention au chien	Cuidado con el perro	couidado co'n él pérro

Banlieue	Cercanías	Zércaniass
Danger	Peligro	péligRo
Défense de jeter des ordures	Prohibido tirar basura	pRoïbido ti**RaR** bas**sou**Ra
Départs	Salidas	salidass
Étage	Planta	**pla'n**ta
Femmes (toilettes)	Damas	**da**mass
Fermé	Cerrado	Zérrado
Gare	Estación	éstaZio'n
Guichet	Taquilla	ta**qui**lya
Hommes (toilettes)	Caballeros	cabal**yé**Ross
Ne pas se garer	No aparcar	no apa**R**ca**R**
Ouvert	Abierto	abié**R**to
Portables interdits	Prohibido el uso de móvil	pRoï**bi**do él **ou**sso dé **mo**bil
Poste	Correos	corr**é**oss
Poussez	Empujen	é'm**pou**Hé'n
Soldes	Rebajas	rré**ba**Hass
Sortie de secours	Salida de emergencia	sa**li**da dé éméR**Hé'n**Zia
Tirez	Tiren	ti**Ré**'n
Toilettes	Servicios	séR**bi**Zioss

Dans les communautés autonomes où existe une langue régionale, la signalétique routière est généralement bilingue. Au Pays basque, les noms de ville sont indiqués dans les deux langues : **San Sebastián** / *Donostia* ; **Vitoria** / *Gasteiz* ; **Pamplona** / *Iruña*. Certains écriteaux apparaissent même uniquement en langue locale. **Calle**, *rue*, se dit *carrer* en Catalogne, *rúa* en Galice et *kalea* au Pays basque.

CONVERSATION

Abréviations courantes et sigles

Quelques abréviations courantes, pour le courrier essentiellement.

D.	**Don**
D.ª	**Doña**
Sr.	**Señor**
Sra.	**Señora**
Srta.	**Señorita**
Avda.	**Avenida**
Pza.	**Plaza**
C/	**Calle**
S/N	**Sin número**, *sans numéro*
Ud ou **Vd**	**Usted**

Lorsque les sigles renvoient à des mots au pluriel, on redouble la lettre : **SS.MM**, **Sus Majestades** ; **EE.UU**, **Estados Unidos**, etc.

AVE **Alta Velocidad Española**, *le train à grande vitesse*
[abé]

DNI **Documento Nacional de Identidad** : il s'agit, au
[déénéi] sens strict, de la carte d'identité espagnole. Si on vous demande vos papiers, il se peut qu'on vous dise : **¿Me permite su DNI, por favor?**

IVA **Impuesto sobre el Valor Añadido** : la *TVA*
[iba]

ONCE **Organización Nacional de Ciegos Españoles**.
[o'nZé] Dans toutes les villes, vous trouverez les petits kiosques de *l'Organisation Nationale des Aveugles Espagnols*, qui vendent des *billets* (**los cupones**) pour une loterie immensément populaire.

PP   **Partido Popular** (conservateur)
[pépé]

PSOE   **Partido Socialista Obrero Español** (social-démocrate)
[psoé]

RENFE   **Red Nacional de Ferrocarriles de España,** *la compagnie*
[rré'nfé]   *nationale des chemins de fer*

↗ Voyager

Contrôle de passeports et douane

Les ressortissants de l'Union européenne n'ont pas à produire de passeport ni de visa pour entrer en Espagne. Les citoyens canadiens devront présenter leur passeport, mais sont dispensés de visa pour les séjours inférieurs à 90 jours. Pour les autres pays, le visa est très souvent requis ; il est prudent de se renseigner auprès des autorités consulaires.

Votre passeport, s'il vous plaît.
Su pasaporte, por favor.
sou passapoRté poR faboR

Avez-vous quelque chose à déclarer ?
¿Tiene usted algo que declarar?
tiéné ousté^d algo qué déclaRaR

Pouvez-vous ouvrir votre valise, s'il vous plaît ?
¿Puede abrir la maleta, por favor?
pouédé abRiR la maléta poR faboR

CONVERSATION

Quelle va être la durée de votre séjour ?
¿Qué tiempo va a durar su estancia?
qué tié'mpo ba a douRaR sou ésta'nZia

Je vais...	Voy a...	boï a
rester quinze jours.	estar quince días.	é**sta**R qui'n**Z**é diass
résider [ici] pendant un an.	residir durante un año.	rréssi**di**R doura'nté ou'n agno

Je viens...	Vengo...	**vé'n**go
pour mes études.	por un tema de estudios.	poR ou'n **té**ma dé é**stou**dioss
en touriste.	de turismo.	dé tou**Ris**mo
pour des raisons professionnelles.	por motivos de trabajo.	poR mo**ti**boss dé t**Ra**ba**H**o

Change

Pouvez-vous me changer ces chèques de voyage/francs suisses/ dollars canadiens ?
¿Puede cambiarme estos cheques de viaje/francos suizos/ dólares canadienses?
*pou**é**dé ca'mbia**R**mé **és**toss **tché**quéss dé bia**H**é f**Ra**'ncoss sou**i**Zoss **do**la**R**éss canadié'nséss*

Quel(le) est...	¿Cuál es...	coual éss
la commission ?	la comisión?	la comissio'n
le taux de change ?	el tipo de cambio?	él **ti**po dé **ca**'mbio

En avion

Les aéroports sont des univers multilingues, mais vous pourrez avoir besoin de quelques mots espagnols pour les échanges directs avec le personnel.

Préférez-vous fenêtre ou couloir ?
¿Prefiere ventanilla o pasillo?
*pRéfié**R**é bé'nta**ni**lya o pa**ss**ilyo*

Avez-vous des bagages à enregistrer ?
¿Tiene usted algún equipaje para facturar?
*tiéné ousté^d algou'n équipa**H**é **pa**Ra factou**R**a**R***

Je peux garder ce bagage en cabine ?
¿Puedo llevar este equipaje conmigo?
*pouédo lyé**baR** ésté équipa**H**é co'n**mi**go*

Est-ce que le vol a du retard ?
¿Tiene retraso el vuelo?
*tiéné rrét**R**asso él bouélo*

De quel terminal part le vol... ?
¿De qué terminal sale el vuelo...?
*dé qué téRmi**nal sa**lé él bouélo*

J'ai raté l'avion.
He perdido el avión.
*é péR**di**do él abio'n*

bagage	equipaje	équipa**H**é
billet	billete	bily**é**té
... aller simple	... de ida	dé **i**da
... aller-retour	... de ida y vuelta	dé **i**da i bou**é**lta
carte d'embarquement	tarjeta de embarque	tar**H**éta dé e'm**baR**qué
ceinture de sécurité	el cinturón de seguridad	él Zi'ntou**Ro**'n dé ségouRi**da**^d
chariot	carrito	ca**rr**ito

CONVERSATION

comptoir	mostrador	mostRa**doR**
décoller	despegar	déspé**gaR**
destination	el destino	él dés**ti**no
dossier du siège	respaldo del asiento	rréspaldo dél assié'nto
enregistrer	facturar	factou**RaR**
équipage	la tripulación	la tRipoulaZi**ón**
escale	escala	és**ca**la
personnel de bord	personal de a bordo	péRsonal dé a **boR**do
porte d'embarquement	puerta de embarque	pou**éR**ta dé é'm**baR**qué
siège	asiento	assi**é'n**to
terminal	la terminal	la té**Rminal**
visa	visado	bi**ss**ado
vol	vuelo	bou**é**lo

En autocar et en train

RENFE, la compagnie des chemins de fer, propose un certain nombre de lignes à grande vitesse (**AVE**) entre Madrid et quelques grandes villes espagnoles. Une offre diversifiée de trains confortables permet de se déplacer sur les autres destinations de longue et moyenne distance. Moins cher, l'autocar maille efficacement le territoire.

Où se trouve la gare ferroviaire/routière ?
¿Dónde está la estación de tren/autobuses ?
*do'n*dé *és***ta** *la* *és*taZ*io'n* *dé* *tRé'n* *dé* *aouto***bou**sséss

À quelle heure part le premier/le prochain/le dernier autocar (train) pour...?
¿A qué hora sale el primer/el próximo/el último autocar (tren) para...?
a qué *o*R*a* *sa*lé *él* *p*R*i*m*éR* *él* **pRo**ksimo *él* **oul**timo *aouto***caR** *tRé'n* *pa*R*a*

Je voudrais un billet pour...
Quisiera un billete para...
*quissiéRa ou'n bilyété **pa**Ra*

Quelle est la durée du trajet ?
¿Cuánto tiempo dura el trayecto?
*coua'nto tiémpo **dou**Ra él tRayécto*

Pour aller à..., vous devez changer à...
Para ir a..., tiene que hacer transbordo en...
*paRa iR a tiéné qué a**ZéR** tRa'ns**boR**do é'n*

Comment allez-vous régler ?
¿Cómo va a pagar?
*como ba a pa**gaR***

En espèces. *Par carte.*
En metálico. / En efectivo. **Con tarjeta.**
é'n métalico é'n eféctibo *co'n taRhéta*

banlieue	cercanías	ZéRcaniass
comptoir	mostrador	mostRa**doR**
couchette	litera	li**té**Ra
deuxième classe	turista	tou**Ris**ta
grandes lignes	largo recorrido (m.)	**laR**go rrécorrido
guichet	la ventanilla	la bé'ntanilya
place	el asiento	él assié'nto
première classe	preferente	pRéfé**Ré**'nté
quai (autobus)	la dársena	la **daR**séna
quai (train)	andén	a'n**dé**'n
réduction	el descuento	él déscoué'nto

CONVERSATION

| voiture | el coche | él **co**tché |
| wagon-lit | coche cama | **co**tché **ca**ma |

En bateau

Il y a très peu de liaisons en bateau entre la France et l'Espagne, mais vous pourrez prendre en Espagne le bateau pour l'Angleterre, l'Italie, l'Afrique du Nord, et bien sûr les îles espagnoles (Baléares et Canaries).

cabine avec WC	cabina con baño	ca**bi**na co'n **ba**gno
cabine deux/ quatre lits	el camarote de dos/ cuatro camas	él cama**Ro**té dé dos cua**tRo ca**mass
camping-car	la autocaravana	la aoutocaRa**ba**na
fauteuil	la butaca	la bou**ta**ca
installation	acomodación	acomoda**Zio**'n
pont	la cubierta	la coubié**R**ta
quai	la dársena	la **daR**séna
soute	bodega	bo**dé**ga

En taxi

Si vous donnez l'adresse exacte, faites-le à l'espagnole : le nom de la rue et, à la suite, le numéro : **Voy a Serrano 54**. **La propina**, *le pourboire*, n'est pas indispensable ; vous pouvez simplement arrondir la somme demandée.

Bonjour, je voudrais un taxi pour le 34, rue Embajadores, au nom de Andrés Hernández. Je suis un peu pressé.
Buenas tardes, quisiera un taxi a Embajadores 34, a nombre de Andrés Hernández. Tengo algo de prisa.
bou**é**nass **taR**déss quissié**Ra** ou'n **ta**ksi a é'mbaHa**do**Réss t**Ré**ï'nta i cou**a**tRo a **no'm**bRé dé a'n**d**Réss éR**na'n**déZ **té'n**go **a**lgo dé **pRi**ssa

Combien est-ce que je vous dois ?
¿Qué le debo?
*qué lé **dé**bo*

Vous avez la monnaie ?
¿Tiene cambio?
*tiéné **ca'm**bio*

Je n'ai pas l'appoint.
No llevo suelto.
no lyébo souélto

Les deux-roues

Bici et **moto** sont les abréviations courantes pour **bicicleta** et **motocicleta**. Les grandes villes ont aménagé des *couloirs pour vélos*, les **carriles bici** : évitez-les si vous êtes piéton, vous risqueriez une amende !

ampoule	bombilla	bo'm**bi**lya
antivol	antirrobo	a'ntir**ro**bo
chaîne	cadena	ca**dé**na
frein	freno	**fRé**no
guidon	manillar	manily**aR**
pédale	el pedal	él pé**dal**
phare	faro	**fa**Ro
selle	el sillín	él silyi'n
vitesse	marcha	**maR**tcha

Location de voitures

Je voudrais louer une voiture pour un jour/un week-end/une semaine.
Quisiera alquilar un coche para un día/un fin de semana/una semana.
*quissié**Ra** alqui**laR** ou'n **co**tché **pa**Ra ou'n dia ou'n fi'n dé sé**ma**na **ou**na sé**ma**na*

CONVERSATION

Quels modèles avez-vous ?
¿Qué modelos tiene?
qué mo**dé**loss ti**é**né

Est-ce que le tarif comprend un kilométrage illimité ?
¿La tarifa incluye kilometraje ilimitado?
la ta**R**ifa i'n**clou**yé kilomét**Ra**Hé ilimi**ta**do

Est-il possible de louer une voiture ici et de la rendre à Malaga ?
¿Es posible alquilar un coche aquí y devolverlo en Málaga?
éss po**ssi**blé alqui**lar** ou'n co**t**ché a**quí** i débol**béR**lo é'n **ma**laga

Circuler en voiture

L'Espagne dispose de plus de 15 000 kilomètres de voies rapides, constituées d'*autoroutes* (**autopistas**) et de *voies express* (**autovías**) : les premières sont payantes (et fort chères en Catalogne), les secondes gratuites.

essence	**gasolina**	*gassolina*
gasoil	**gasoil**	*gassoïl*
station-service	**gasolinera**	*gassolinéRa*
réservoir	**depósito**	*dépossito*
plein	**lleno**	*lyéno*
antigel	**anticongelante**	*a'ntico'nHéla'nte*
bidon d'huile	**la lata de aceite**	*la lata dé aZéité*
liquide de freins	**líquido de frenos**	*líquido dé fRénoss*

La majorité des stations-services est à présent en mode libre-service : vous vous garez devant une des pompes, vous allez à la caisse et payez le nombre de litres que vous souhaitez, puis vous retournez remplir vous-même votre réservoir.

Le plein, s'il vous plaît.   *Je vais mettre vingt litres.*
Lleno, por favor.   **Voy a poner veinte litros.**
lyéno poR faboR   *boï a ponéR béï'nté litRoss*

Pourriez-vous vérifier...	**¿Podría revisar...**	*podRía rrébissaR*
la pression des pneus ?	**la presión de las ruedas?**	*la pRéssio'n dé lass rrouédass*
la batterie ?	**la batería?**	*la batéRía*
l'embrayage ?	**el embrague?**	*él é'mbRagué*
le niveau d'huile ?	**el nivel de aceite?**	*él nibél dé aZéïté*
les lumières ?	**las luces?**	*lass louZéss*
les freins ?	**los frenos?**	*loss fRénoss*
les plaquettes de frein ?	**las pastillas de frenos?**	*lass pastilyass dé fRénoss*
la boîte de vitesses ?	**la caja de cambios?**	*la caHa dé ca'mbioss*

Voici quelques mots utiles en cas d'accident ou de rapports avec la police :

accident	**accidente**	*akZidé'nté*
constat	**parte de accidente**	*paRté dé akZidé'nté*
faire un constat	**rellenar un parte**	*rrélyénaR ou'n paRté*
constat amiable	**parte amistoso**	*paRté amistosso*
assurance	**el seguro**	*él ségouRo*
tous risques	**a todo riesgo**	*a todo rriésgo*
au tiers	**a terceros**	*a téRZéRoss*
permis de conduire	**carné de conducir**	*caRné dé co'ndouZiR*
amende	**multa**	*moulta*
enlever des points	**quitar puntos**	*quitaR pou'ntoss*
ceinture de sécurité	**el cinturón de seguridad**	*él Zi'ntouRo'n dé ségouRida[d]*

CONVERSATION

excès de vitesse	exceso de velocidad	ék**Zé**sso dé bélo**Zi**da[d]
dépassement interdit	adelantamiento prohibido	adéla'ntami**é**'nto p**R**oï**bi**do
panneaux	las señales	lass sé**gna**léss
sabot	cepo	**Zé**po
fourrière	grúa	g**R**o**u**a

↗ En ville

Trouver son chemin

S'il vous plaît, comment est-ce que je peux aller au centre-ville ?
Por favor, ¿cómo puedo ir al centro?
po**R** fa**boR co**mo pou**é**do i**R** al **Zé**'nt**R**o

Est-ce qu'il y a une pharmacie près d'ici ?
¿Hay alguna farmacia cerca de aquí?
aï al**gou**na fa**R**ma**Z**ia **ZéR**ca dé a**qui**

Pardon, où se trouve le musée du Prado ?
Perdone, ¿dónde queda el museo del Prado?
pé**R**doné **do**'ndé **qué**da él mouss**é**o dél **pRa**do

Indiquer son chemin à quelqu'un

Continuez tout droit.
Siga todo recto.
siga **to**do **rréc**to

Allez jusqu'au rond-point.
Vaya hasta la rotonda.
baya **as**ta la **rr**oto'**n**da

Prenez la deuxième sortie à droite.
Tome la segunda salida a la derecha.
tomé la sé**gou**'nda **sa**lida a la dé**Ré**tcha

C'est la première rue à gauche.
Es la primera calle a la izquierda.
*éss la pRi**mé**Ra ca**l**yé a **la** iZqui**é**Rda*

Métro et bus

À Madrid et Barcelone, le métro vous permet de parcourir la ville, mais il est également interconnecté aux lignes banlieue (**cercanías**) de RENFE.

arrêt	**la parada**	*la pa**R**ada*
changement	**transbordo**	*tRa'ns**bo**Rdo*
changer	**transbordar**	*tRa'nsboR**da**R*
correspondance	**correspondencia**	*corréspo'n**dé**'n**Z**ia*
direction	**el destino**	*él **dés**tino*
guichet	**la ventanilla**	*la bé'nta**ni**lya*
quai	**andén**	*a'n**dé**'n*
ticket	**billete**	*bily**é**té*

La station de métro la plus proche, s'il vous plaît ?
¿La estación de metro más cercana, por favor?
*la éstaZio'n dé **mé**tRo mass Z**é**Rcana poR fa**Bo**R*

Où se trouve l'arrêt du 61 ?
¿Dónde está la parada del 61?
*do'ndé **és**ta la pa**R**ada dél séss**é**'nta i **ou**no*

Quelle ligne dois-je prendre pour… ?
¿Qué línea tengo que coger para…?
*qué **li**néa **té**'ngo qué co**Hé**R **pa**Ra*

Quel bus dois-je prendre pour… ?
¿Qué autobús tengo que coger para…?
qué aoutobouss té'ngo qué coHéR paRa

Où dois-je descendre pour… ?
¿Dónde tengo que bajar para…?
do'ndé té'ngo qué baHaR paRa

Visite d'expositions, musées, sites

Ce guide ne suffirait pas à énumérer les musées et sites d'intérêt historico-artistique en Espagne. À titre d'exemple, Madrid rassemble la plus grande concentration d'œuvres d'art en Europe dans le dénommé **triángulo del arte**, *triangle de l'art* : Musée du Prado, Musée Thyssen-Bornemisza et Musée Reina Sofía.

Je voudrais deux billets.
Quisiera dos entradas.
quissiéRa doss e'ntRadass

Il y a des réductions pour…	¿Hay algún tipo de descuento para…	*aï algou'n tipo dé déscoué'nto paRa*
étudiants ?	estudiantes?	*éstoudia'ntéss*
professeurs ?	profesores?	*pRoféssoRéss*
enfants de moins de 12 ans ?	niños menores de doce años?	*nignoss ménoRéss dé doZé agnoss*
retraités ?	jubilados?	*Hubiladoss*

Est-ce qu'on peut prendre des photos ?
¿Se pueden hacer fotos?
sé pouédé'n aZéR fotoss

Autres curiosités

L'Espagne est le deuxième pays au monde pour le nombre de sites classés par l'Unesco : des paysages, des monuments, mais parfois aussi des quartiers entiers d'une ville ont ainsi été distingués, comme l'**Albaicín** de Grenade, la vieille ville de Tolède ou le centre historique de Cordoue.

ancien quartier juif	**judería** (f.)	*HoudéRia*
cathédrale	**catedral**	*catédRal*
centre historique	**casco histórico**	***cas**co isto**R**ico*
château	**castillo**	*cas**ti**lyo*
église	**iglesia**	*i**glé**ssia*
marché aux puces (à Madrid)	**el Rastro**	*él **rr**ast**R**o*
mosquée	**mezquita**	*mé**Z**qui**ta***
muraille	**muralla**	*mou**R**alya*
palais	**palacio**	*pa**la**Zio*
quartier typique	**barrio típico**	***barrio típico***
synagogue	**sinagoga**	*sinago**ga***
zoo	**zoológico**	*Zoo**lo**Hico*

À la poste

Pour envoyer par voie normale *une lettre*, **una carta**, ou *une carte postale*, **una postal**, vous pouvez acheter vous-même *un timbre*, **un sello**, et déposer le pli à *la poste*, **Correos,** ou dans *une boîte aux lettres*, **un buzón**.

S'il vous plaît, savez-vous où il y a...	Por favor, ¿sabe dónde hay...	*po**R** fabo**R** sabé do'ndé aï*
un bureau de poste ?	una oficina de Correos?	*ouna ofi**Z**ina dé corr**é**oss*

CONVERSATION

| un bureau de tabac par ici ? | un estanco por aquí? | ou'n és**ta'n**co poR a**qui** |
| une boîte aux lettres dans le coin ? | un buzón en esta zona? | ou'n bou**Zo'n** é'n **és**ta **Zo**na |

J'ai besoin d'une enveloppe et d'un timbre pour la France/ la Suisse/la Belgique/le Canada/le Sénégal/la Côte d'Ivoire/le Cameroun/La Tunisie/l'Algérie/le Maroc.
Necesito un sobre y un sello para Francia/Suiza/Bélgica/Canadá/ Senegal/Costa de Marfil/Camerún/Túnez/Argelia/Marruecos.
né**Zé**ssi**to** ou'n **so**bRé i ou'n **sé**lyo **pa**Ra **fRa'n**Zia soui**Za** **bél**Hica cana**da** séné**gal cos**ta dé ma**R**fil camé**Rou'n** tou**néZ** a**RH**élia marrou**é**coss

Je voudrais envoyer ce colis par courrier normal/urgent/ recommandé.
Quisiera mandar este paquete por correo normal/urgente/ certificado.
quissié**R**a ma'n**daR** és**té** pa**qué**té poR cor**ré**o no**R**mal ouR**Hé'n**té Z**éR**tifi**ca**do

Au téléphone

Outre votre téléphone personnel, vous disposerez aussi sur place de *cabines*, **cabinas**, et de très nombreux *centres d'appel*, **locutorios**. Les *cartes prépayées*, **tarjetas prepago**, constituent une solution économique.

appuyer	pulsar	poul**saR**
clavier	teclado	té**cla**do
code	código	**co**digo
composer	marcar	ma**R**ca**R**
chiffre	dígito	**di**Hito
dièse	almohadilla (f.)	almoa**di**lya

étoile	**asterisco** (m.)	asté**R**isco
portable	**móvil**	**mo**bil
le poste	**la extensión**	la éksté'nsio'n
préfixe	**prefijo**	p**R**éfi**H**o
renseignements	**información** (f.)	i'nfoRmaZio'**n**
réseau	**la cobertura**	la cobé**R**tou**R**a
touche	**tecla**	**té**cla

(Celui qui décroche)
Oui, allô.
Sí, dígame. (Si vous vouvoyez celui qui appelle)
si **di***gamé*
Sí, dime. (Si vous tutoyez votre interlocuteur)
si **di***mé*

Bonsoir, est-ce que Antonio est là ?
Buenas tardes, ¿está Antonio?
*bou***é***nass* **taR***déss és***ta** *a'n***to***nio*

De la part de qui ?   *De la part de Mario.*
¿De parte de quién?   **De parte de Mario.**
dé **paR***té dé quié'n*   *dé* **paR***té dé* **ma***Rio*

Le numéro que vous avez appelé est occupé ou hors-réseau.
El teléfono al que llama está ocupado o fuera de cobertura.
*él te***lé***fono al qué lya***ma** *és***ta** *ocou***pa***do o fou***é***Ra dé cobé***R***tou***R***a*

Bipe-moi et je te rappelle.
Dame un toque y te vuelvo a llamar.
*da***mé** *ou'n* **to***qué i té bou***é***lbo a lya***maR**
Déjame una llamada perdida y te vuelvo a llamar.
*dé***H***amé* **ou***na lya***ma***da pé***R***dida i té bou***é***lbo a lya***maR**

CONVERSATION

Internet

Est-ce qu'il y a une connexion Internet dans l'hôtel ?
¿Hay conexión a Internet en el hotel?
a**ï** conéksi**o**'n a i'ntéR**né**t é'n él ot**él**

Pourriez-vous me donner le nom du réseau et le mot de passe ?
¿Me dice el nombre de la red y la clave?
mé di**Z**é él **no'm**bRé dé la rréd i la cla**b**é

Savez-vous s'il y a un cybercafé par ici ?
¿Sabe si hay algún cíber por aquí?
sa**b**é si a**ï** al**gou'**n Zi**b**éR poR a**qui**

Je prends quel poste ?
¿En qué ordenador me pongo?
é'n qué oRdéna**doR** mé **po'n**go

Pouvez-vous m'imprimer ce fichier ?
¿Me puede imprimir este archivo?
mé pou**é**dé i'mpRi**miR** **é**sté aRt**chi**bo

L'administration

Dans une grande ville, si vous avez été victime d'un vol ou que vous avez perdu quelque chose, adressez-vous **a la comisaría**, *au commissariat*. Dans une localité où c'est la Garde civile qui opère, il faudra aller *à la garnison*, **al cuartel de la Guardia Civil**.

Je veux porter plainte.
Quiero poner una denuncia.
qui**é**Ro po**né**R **ou**na dé**nou'n**Zia

J'ai été victime d'un vol à l'arraché.
Me han dado un tirón.
*mé a'n **da**do ou'n ti**Ro'n***

J'ai perdu... On m'a volé...	He perdido... Me han robado...	é pé**R**dido mé a'n rro**ba**do
mon portefeuille.	la cartera.	la ca**R**té**R**a
mes papiers.	la documentación.	la docoumé'ntaZi**o**'n
l'argent que j'avais sur moi.	el dinero que llevaba.	él dinéRo qué lyé**ba**ba
mes clés.	las llaves.	lass lya**bé**ss
mon portable.	el móvil.	él **mo**bil
ma carte de crédit.	la tarjeta de crédito.	la ta**R**Héta dé **cR**édito
mes chèques de voyage.	los cheques de viaje.	loss **tch**équéss dé bia**H**é
ma voiture.	el coche.	él **co**tché

À la banque

Les agences n'ouvrent pas l'après-midi, l'horaire normal étant de 9 heures à 14 heures. Même en zone euro, il peut y avoir des commissions sur des opérations aussi simples qu'un retrait d'argent ; n'hésitez pas à poser la question.

Où y a-t-il...	¿Dónde hay...	**do**'ndé aï
une banque ?	un banco?	ou'n **ba**'nco
un distributeur automatique ?	un cajero automático?	ou'n ca**Hé**Ro aouto**ma**tico
changer des chèques de voyage	cambiar cheques de viaje	ca'mbia**R** tché**q**uéss dé **bia**Hé
encaisser un chèque	cobrar un talón	cob**R**a**R** ou'n ta**lo'n**
faire un dépôt sur un compte	hacer un ingreso en cuenta	a**Z**é**R** ou'n i'ng**R**ésso é'n coué'nta

CONVERSATION

faire un virement	**hacer una transferencia**	a**ZéR ou**na tRa'nsfé**Ré'n**Zia
retrait d'argent	**una disposición en efectivo**	**ou**na dispossi**Zio'**n é'n éféc**ti**bo

Sorties au cinéma, au théâtre et au concert

Qu'est-ce qu'il y a en ce moment comme films ?
¿Qué películas están echando?
qué pé*li*coulass és**ta'n** é**tcha'n**do

Est-ce qu'on donne quelque chose d'intéressant au théâtre ?
¿Ponen alguna obra interesante en el teatro?
*po*né'n al**gou**na o**b**Ra i'ntéRé**ssa'n**té é'n él té*at*Ro

Vous me donnez trois places pour... ?
¿Me da tres entradas para...?
mé da t**R**éss é'nt**R**adass **pa**Ra

Chez le coiffeur

Pour aller **a la peluquería**, *au salon de coiffure*, il faut presque toujours *prendre rendez-vous*, **pedir cita**.

Bonjour, vous pouvez me donner rendez-vous pour aujourd'hui ?
Hola, buenos días, ¿me puede dar hora para hoy?
*o*la bou**é**noss di*a*ss mé pou**é**dé daR **o**Ra **pa**Ra o*ï*

Je veux...	Quiero...	qui**é**Ro
me faire couper les cheveux.	**cortarme el pelo.**	co**R**ta**R**mé él **pé**lo
une teinture.	**teñirme el pelo.**	té**gni**Rmé él **pé**lo

à l'épaule	por el hombro	poR él o'mbRo
avec des reflets	con reflejos	co'n rréfléHoss
barbe	barba	**baR**ba
blond	rubio	**rrou**bio
bouc	la perilla	la pé**Ri**lya
coiffer	peinar	péï**naR**
courts	corto	**coR**to
châtain	castaño	cas**ta**gno
en dégradé	en capas	é'n **ca**pass
frange	un flequillo	ou'n flé**qui**lyo
longs	largo	**laR**go
mèches	mechas	**mét**chass
pas très court	no muy corto	no moui **coR**to
pattes	patillas	pa**ti**lyass
pointes	puntas	**pou'n**tass
raser	afeitar	aféï**taR**
shampoing	champú	tcha'm**pou**

↗ À la campagne, à la plage, à la montagne…

Sports de loisir

Surfez à Tarifa, skiez dans la Sierra Nevada andalouse ou dans les très chics stations des Pyrénées, ou faites le **Camino de Santiago**, *Chemin de Saint-Jacques*, la plus célèbre route européenne de randonnée !

À quelle distance se trouve le prochain village ?
¿A qué distancia queda el próximo pueblo?
*a qué dis**ta'n**Zia **qué**da él **pRo**ksimo pou**é**blo*

Y a-t-il un refuge pour randonneurs près d'ici ?
¿Hay algún albergue para senderistas por aquí cerca?
*aï al**gou**'n al**bé**R***gué** **pa**Ra sé'ndé**Ri**stass poR a**qui** Zé**R**ca*

Y a-t-il une zone où l'on puisse faire du feu ?
¿Hay alguna zona donde se pueda hacer fuego?
*aï al**gou**na **Zo**na **do**'ndé sé pou**é**da a**Zé**R fou**é**go*

Nous sommes pèlerins : est-ce qu'il reste des lits dans le refuge pour passer la nuit ?
Somos peregrinos: ¿quedan camas en el albergue para pasar la noche?
somoss péRé**gRi**noss **qué**da'n **ca**mass é'n él al**bé**R**gué** **pa**Ra pa**ssa**R la **no**tché

Nous nous sommes perdus : comment arrive-t-on à… ?
Nos hemos perdido: ¿cómo se llega a…?
noss **é**moss péR**di**do **co**mo sé l**yé**ga a

Tu peux me prêter...	¿Puedes prestarme...	pou**é**dess pRés**ta**Rmé
de l'alcool ?	alcohol?	al**col**
de la crème solaire ?	crema protectora?	**cRé**ma pRo**téc**to**R**a
des ciseaux ?	unas tijeras?	**ou**nass ti**Hé**Rass
du coton ?	algodón?	algo**do**'n
des pansements ?	tiritas? (f.)	ti**Ri**tass
du savon ?	jabón?	Ha**bo**'n
du sparadrap ?	esparadrapo?	éspaRad**Ra**po
un couteau ?	un cuchillo?	ou'n cou**tchil**yo
un ouvre-boîte ?	un abrelatas?	ou'n ab**Ré**latass
un ouvre-bouteille ?	un abrebotellas?	ou'n abRébo**tél**yass
un tire-bouchon ?	un sacacorchos?	ou'n saca**co**Rtchoss
une boîte d'allumettes ?	una caja de cerillas?	**ou**na **ca**Ha dé Zé**Ril**yass

Êtes-vous chasseur ? Pêcheur ?

appât	cebo	**Zé**bo
canne à pêche	caña de pescar	**ca**gna dé pés**caR**
chasse	caza	**ca**Za
filet	la red	la ré^d
fusil	la escopeta	la éscopéta
hameçon	anzuelo	a'nZouélo
interdiction	veda	**bé**da
pêche	pesca	**pés**ca

À la mer et à la montagne, vous aurez peut-être besoin de quelques noms d'activités sportives...

alpinisme	alpinismo	alpi**nis**mo
canyoning	barranquismo	barra'n**quis**mo
escalade	escalada	éscalada
plongée sous-marine	submarinismo (m.)	soubmaRi**nis**mo
plongée	buceo (m.)	bou**Zé**o
rafting	rafting	**rraf**ti'n
rappel	rápel	**rra**pél
surf	surf	saRf
windsurf	windsurf	oui'n**saRf**

À la piscine, à la plage

Combien coûte l'entrée à la piscine ?
¿Cuánto cuesta la entrada a la piscina?
coua'nto couésta la é'ntRada a la pisZina

Est-ce qu'il y a une piscine pour enfants ?
¿Hay piscina para niños?
aï pisZina paRa nignoss

Est-elle couverte ?
¿Es cubierta?
éss coubiéRta

Je cherche une plage…	Busco una playa…	*bousco ouna playa*
surveillée.	vigilada.	*viHilada*
nudiste.	nudista.	*noudista*

Je voudrais louer…	Quisiera alquilar…	*quissiéRa alquilaR*
un bonnet.	un gorro.	*ou'n gorro*
des lunettes de plongée.	gafas de buceo.	*gafass dé bouZéo*
des palmes.	aletas.	*alétass*
un parasol.	una sombrilla.	*ouna so'mbRilya*
une serviette.	una toalla.	*ouna toalya*
un transat.	una tumbona.	*ouna tou'mbona*

Que signifie le drapeau…	¿Qué significa la bandera…	*qué sig'nifica la ba'ndéRa*
bleu ?	azul?	*aZoul*
vert ?	verde?	*béRdé*
jaune ?	amarilla?	*amaRilya*
rouge ?	roja?	*rroHa*

Camper et camping

Il est interdit de…	Está prohibido…	*ésta pRoïbido*
camper sur la plage.	acampar en la playa.	*aca'mpaR é'n la playa*
faire du feu dans cette zone.	hacer fuego en esta zona.	*aZéR fouégo é'n ésta Zona*

Est-ce que le camping possède…	¿El camping tiene…	*él ca'mpi'n tiéne*
des bungalows ?	bungalows?	*bou'ngaloss*
une laverie ?	lavandería?	*laba'ndéRia*

un parking ?	**aparcamiento?**	*apaRcamié'nto*
un supermarché ?	**supermercado?**	*soupéRméRcado*
Quel est le tarif pour...	**¿Cuál es la tarifa por...**	*coual éss la taRifa poR*
un jour ?	**día?**	*dia*
une semaine ?	**semana?**	*sémana*
une tente ?	**tienda de campaña?**	*tié'nda de ca'mpagna*
une caravane ?	**caravana?**	*caRabana*
un camping-car ?	**autocaravana?** (f.)	*aoutocaRabana*
Combien coûte...	**¿Cuánto cuesta...**	*coua'nto couésta*
un bungalow ?	**un bungalow?**	*ou'n bou'ngalo*
le parking ?	**el aparcamiento?**	*él apaRcamié'nto*

Combien y a-t-il de places dans un bungalow ?
¿Cuántas personas caben en un bungalow?
coua'ntass péRsonass cabé'n é'n ou'n bou'ngalo

Est-ce que les bungalows ont des douches individuelles ?
¿Los bungalows tienen duchas individuales?
loss bou'ngaloss tiéné'n doutchass i'ndibidoualéss

Arbres et plantes sauvages

À l'époque romaine, dit-on, un écureuil pouvait traverser la Péninsule en sautant d'arbre en arbre. Les choses ont changé mais l'Espagne reste un pays très boisé. Pour protéger ce patrimoine, l'Espagne compte 14 **Parques Nacionales** : leur accès est soumis à une autorisation préalable.

Comment peut-on visiter le Parc National de Doñana ?
¿Cómo se puede visitar el Parque Nacional de Doñana?
como sé pouédé bissitaR él paRqué naZional dé dognana

Est-ce que j'ai besoin d'une autorisation pour visiter la sapinière de Grazalema ?
¿Necesito un permiso para visitar el pinsapar de Grazalema?
néZéssito ou'n péRmisso paRa bissitaR él pi'nsapaR dé gRaZaléma

Pouvez-vous me dire…	¿Puede decirme…	*pouédé déZiRmé*
ce qui est autorisé ?	lo que está permitido?	*lo qué ésta péRmitido*
ce qui est interdit ?	lo que está prohibido?	*lo qué ésta pRoïbido*

Un petit lexique d'arbres et de plantes sauvages :

châtaignier	castaño	*castagno*
chêne vert	la encina	*la é'nZina*
laurier-rose	la adelfa	*la adélfa*
olivier	olivo	*olibo*
palmier	la palmera	*la palméRa*
pin	pino	*pino*
sapin	abeto	*abéto*

Animaux (gibier, oiseaux, poissons)

L'Espagne possède de très nombreuses *Réserves de biosphère*, **Reservas de la Biosfera**, accréditées par l'Unesco, visant à la conservation de la biodiversité. Pour n'évoquer que trois animaux parmi les plus menacés, on citera le *lynx d'Espagne*, **lince ibérico** ; l'*ours brun*, **oso pardo**, et *l'aigle*, **el águila**. Autre animal emblématique : **el toro bravo**, *le taureau de combat*. Quoi que l'on pense de la corrida, visiter **una ganadería**, *un élevage*, est une expérience unique pour qui aime la nature et les animaux en liberté.

âne	burro	**bourro**
caille	codorniz	**codoRniZ**
canard	pato	**pato**
cerf	ciervo	**ZiéRbo**
couleuvre	culebra	**coulébRa**
chat	gato	**gato**
chien	perro	**pérro**
écureuil	la ardilla	la aRdilya
gibier	la caza	la caZa
grenouille	rana	**rrana**
lapin	conejo	**conéHo**
lézard	lagarto	**lagaRto**
lièvre	la liebre	la liébRé
loup	lobo	**lobo**
perdrix	perdiz	**péRdiZ**
rat	la rata	**la rrata**
renard	zorro	**Zorro**
sanglier	jabalí	**Habali**
souris	el ratón	él rrato'n
vipère	víbora	**biboRa**

Insectes

Au secours ! J'ai été piqué par un scorpion !
¡Socorro! ¡Me ha picado un alacrán!
socorro mé a picado ou'n alacRa'n

J'ai besoin d'un antidote contre les morsures de vipère.
Necesito un antídoto contra las mordeduras de víbora.
néZéssito ou'n a'ntidoto co'ntRa lass moRdédouRass dé biboRa

Je voudrais un anti-moustiques.
Quisiera un repelente.
quissiéRa oun' rrépélé'nté

Insectes et allergies

Je suis allergique...	Soy alérgico/a...	soï al**éR**Hico al**éR**Hica
aux abeilles.	a las abejas.	a lass ab**é**Hass
aux piqûres de moustique.	a las picaduras de mosquito.	a lass pica**dou**Rass dé mos**qui**to

araignée	araña	a**Ra**gna
cafard	una cucaracha	**ou**na couca**R**atcha
chenille	oruga	o**Rou**ga
guêpe	avispa	a**bis**pa
mouche	mosca	**mos**ca
moustiquaire	mosquitera	mosqui**té**Ra
moustique	mosquito	mos**qui**to
scorpion	alacrán	alac**Ra'**n
tique	garrapata	garra**pa**ta

Effets et remèdes

anti-inflammatoire	anti-inflamatorio	**a'**nti i'nflama**to**Rio
enflé	inflamado	i'nfla**ma**do
insecticide	insecticida	i'nsécti**Zi**da
œdème	edema	é**dé**ma
piqûre	picadura (d'animal) inyección (seringue)	pica**dou**Ra i'nyek**Zi**o'n
seringue	jeringuilla	HéRi'n**gui**lya
vaccin	una vacuna	**ou**na ba**cou**na
venin	veneno	bé**né**no

↗ **Hébergement**

Réservations d'hôtel

auberge de jeunesse	**albergue (m.) de juventud**	*albéRgué dé Houbé'ntou^d*
gîte/hôtel rural	**casa/hotel rural**	*cassa otél rrouRal*
hôtel une/deux/trois étoiles	**hotel de una/dos/tres estrellas**	*otél dé ouna doss tRéss éstRélyass*

Je voudrais…	**Quisiera…**	*quissiéRa*
réserver une chambre.	**reservar una habitación.**	*rrésséRbaR ouna abitaZio'n*
faire une réservation pour deux nuits.	**hacer una reserva para dos noches.**	*aZéR ouna rrésséRba paRa doss notchéss*

J'aurais besoin…	**Necesitaría…**	*néZéssitaRia*
d'une chambre simple.	**una habitación individual.**	*ouna abitaZio'n i'ndibidoual*
d'une chambre à deux lits.	**una habitación con dos camas.**	*ouna abitaZio'n co'n doss camass*
d'une chambre avec un lit double.	**una habitación con cama de matrimonio.**	*ouna abitaZio'n co'n cama dé matRimonio*
d'une chambre double avec un lit d'appoint.	**una habitación doble con cama supletoria.**	*ouna abitaZio'n doblé co'n cama souplétoRia*

Vous devez laisser une caution à la réservation.
Tiene que dejar una señal al hacer la reserva.
tiéné qué déHaR ouna ségnal al aZéR la rrésséRba

Est-ce que le prix comprend le petit-déjeuner ?
¿El precio incluye el desayuno?
él pRéZio i'nclouyé él déssayouno

Est-ce qu'il y a la climatisation dans les chambres ?
¿Hay aire acondicionado en las habitaciones?
aï aïRé aco'ndiZionado é'n lass abitaZionéss

Est-ce que les animaux sont acceptés ?
¿Se aceptan animales?
sé a**Zép**ta'n ani**ma**léss

À la réception

Est-ce que vous avez des chambres libres ?
¿Tiene habitaciones libres?
ti**é**né abitaZio**né**ss **lib**Réss

Pour combien de nuits ?
¿Para cuántas noches?
pa**Ra** coua'ntass **no**tchéss

Elle donne sur rue ou sur cour ?
¿Es exterior o interior?
éss ekst**é**Ri**o**R o i'nt**é**Ri**o**R

Je voudrais une chambre avec vue sur la mer.
Quisiera una habitación con vistas al mar.
quissi**é**Ra **ou**na abitaZio'n co'n **bi**stass al maR

J'ai réservé une chambre au nom de...
He reservado una habitación a nombre de...
é rréss**é**R**ba**do **ou**na abitaZio'n a **no'm**bRé dé

Pourriez-vous me réveiller demain à six heures ?
¿Podría despertarme mañana a las seis?
pod**Ri**a désp**é**R**ta**Rmé ma**gna**na a lass s**é**ïss

Il faut faire un numéro pour appeler à l'extérieur ?
¿Hay que marcar algún número para llamar al exterior?
aï qué maR**ca**R al**gou'n nou**méRo **pa**Ra lya**ma**R al ekst**é**Ri**o**R

À quelle heure devons-nous quitter la chambre ?
¿A qué hora tenemos que dejar la habitación?
a qué oRa ténémoss qué déHaR la abitaZio'n

Vocabulaire des services et du petit-déjeuner

Est-ce que vous proposez un service en chambre ?
¿Hay servicio de habitaciones?
aï séRbiZio dé abitaZionéss

Est-ce que vous avez un service de blanchisserie ?
¿Tienen servicio de lavandería?
tiéné'n séRbiZio dé laba'ndéRia

En ville, il y a mille et un cafés pour prendre des petits-déjeuners très espagnols, avec des tartines de toutes sortes et les traditionnels **churros**. Attention : souvent **una tostada**, *une tartine*, désigne en fait deux tranches de pain (un petit pain ouvert en deux) ; si vous n'en voulez qu'une, il faut demander **media tostada**, *une demi-tartine*.

Pourriez-vous me faire...	*¿Me pone...*	*mé poné*
un café noir ?	**un café solo?**	*ou'n café solo*
un café noisette ?	**un café cortado?** **un cortado?**	*ou'n café coRtado* *ou'n coRtado*
un café au lait ?	**un café con leche?**	*ou'n café co'n létché*
un café au lait bien blanc ?	<u>una</u> **manchada?**	*ouna mantchada*
un déca ?	**un descafeinado?**	*ou'n déscaféïnado*
un thé (au lait) ?	**un té (con leche)?**	*ou'n té co'n létché*
une tartine à l'huile ?	**una tostada de aceite?**	*ouna tostada dé aZéïté*

une tartine jambon-tomate ?	una tostada de jamón y tomate?	*ou*na tos*ta*da dé Ha*mo'n* i to*maté*
une tartine beurrée ?	una tostada de mantequilla?	*ou*na tos*ta*da dé ma'nté*qui*lya
Vous avez...	**¿Tiene...**	ti*é*né
du chocolat ?	chocolate?	tchoco*la*té
des churros ?	churros?	*tchou*rross
des viennoiseries ?	bollería/bollos (m.)?	bolyé*Ri*a **bo**lyoss
des croissants ?	cruasanes?	cRoua**ss**a*néss*
des oranges pressées ?	zumo de naranja natural?	*Zou*mo dé naRa'nHa natou*Ral*

En cas de petits problèmes...

La douche	La ducha	la *dou*tcha
L'ascenseur	El ascensor	él asZé'nso*R*
La climatisation	El aire acondicionado	él *a*ïRé aco'ndiZio*na*do
Le chauffage	La calefacción	la caléfakZio'n
Le téléphone	El teléfono	él té*lé*fono
La télévision	La tele	la *té*lé
...ne fonctionne pas.	...no funciona.	no fou'n*Zio*na

Le lavabo est bouché.
El lavabo está atascado.
él la*ba*bo *és*ta atas*ca*do

Le robinet fuit.
El grifo gotea.
él **gRi**fo go*té*a

Une ampoule a grillé.
Se ha fundido una bombilla.
sé a fou'n*di*do *ou*na bo'm*bil*ya

Régler la note

Ça y est, nous partons. Pourriez-vous me donner la note, s'il vous plaît ?
Ya nos vamos. ¿Me prepara la cuenta, por favor?
*ya noss **ba**moss mé p**Ré**pa**Ra** la cou**é**'nta poR fa**boR***

Je peux vous payer...	**¿Puedo pagarle...**	*pou**é**do pa**gaR**lé*
par carte ?	**con tarjeta?**	*co'n ta**RH**éta*
en espèces ?	**en efectivo/metálico?**	*é'n éf**éc**tibo/m**é**talico*

Avez-vous besoin d'une facture ?
¿Necesita una factura?
*né**Zé**ssita **ou**na fac**tou**Ra*

↗ Nourriture

Dans les cafés, **el desayuno**, *le petit-déjeuner*, est un moment d'ébullition, souvent relayé par un deuxième petit-déjeuner en milieu de matinée, qui permet de tenir jusqu'à l'heure des apéritifs, entre 13 et 15 heures. Puis place aux restaurants pour **la comida**, *le déjeuner*, après quoi il y aura un petit temps mort jusqu'à **la merienda**, *le goûter* : là c'est l'heure des **cafeterías**. Attendez encore un peu et ce sera la sortie du travail, l'heure où le **tapeo** remplira à nouveau les rues.

Les tapas

Reflet d'un art de vivre, le **tapeo** consiste à parcourir entre amis une série de bars pour y consommer des boissons accompagnées de petites portions de nourriture, les **tapas**. Vous pouvez aussi les demander en **media ración** ou, à plusieurs, en **ración**.

Bonjour, vous me servez une pression ?
Hola, ¿me pone una caña?
*o*la mé **po**né **ou**na **ca**gna

Qu'est-ce que vous avez comme tapas ?
¿Qué tapas tiene?
qué **ta**pass ti**é**né

Mettez-moi une tapa de/d'…	**Póngame una tapa de…**	*po'n***ga**mé **ou**na **ta**pa dé
anchois (filets assaisonnés).	**anchoas.** (f.)	*a'n***tcho**ass
anchois frais *… assaisonnés.* *… au vinaigre.*	**boquerones** **… adobados.** **… en vinagre.**	*boqué***Ro**néss *ado***ba**doss *é'n bi***nag**Ré
boudin.	**morcilla.** (f.)	*moR***Zi**lya
boulettes.	**albóndigas.**	*al***bo'n**digass
brochette(s) *… de légumes au vinaigre.* *… de viande.*	**banderillas.** **pincho moruno.** (m.)	*ba'ndé***Ri**lyass *pi'n*tcho mo**Ro**uno
calamars frits.	**calamares fritos.**	*cala*ma**Réss f Ri**toss
champignons à la plancha.	**champiñones a la plancha.**	*cha'mpi***gno**néss a la **pla'n**tcha
chinchards à la plancha.	**jureles a la plancha.**	*Hou***Ré**léss a la **pla'n**tcha
cocktail de fruits de mer.	**salpicón de marisco.**	*salpi*co**'n** dé ma**Ris**co
crevettes *… en beignets.* *… à la plancha.* *… à l'ail.*	**gambas** **… con gabardina.** **… a la plancha.** **… al ajillo.**	**ga'm**bass *co'n gaba***R**dina *a la* **pla'n**tcha *al a***Hi**lyo
croquettes.	**croquetas.**	*c***Ro**qu**é**tass
épinards aux pois chiches.	**espinacas** (f.) **con garbanzos.**	*é*spi**na**cass co'n ga**Rba'n**Zoss
fèves au jambon.	**habas con jamón.**	*a*bass co'n Ha**mo'n**

filet de porc sur une tranche de pain.	**montadito de lomo.**	*mo'ntadito dé lomo*
filet de porc à la tomate.	**lomo con tomate.**	*lomo co'n tomaté*
fromage.	**queso.**	*quésso*
fruits secs.	**frutos secos.**	*fRoutoss sécoss*
jambon.	**jamón.**	*Hamo'n*
olives farcies.	**aceitunas rellenas.**	*aZéitounass rélyénass*
omelette aux crevettes.	**tortita de camarones.**	*toRtita dé camaRonéss*
omelette espagnole.	**tortilla de patatas.**	*toRtilya dé patatass*
pommes de terre	**patatas**	*patatass*
... poêlées avec poivron.	**... a lo pobre.**	*a lo pobRé*
... sauce piquante.	**... a la brava.**	*a la bRaba*
poulpe à la galicienne.	**pulpo a la gallega.**	*poulpo a la galyéga*
rillons.	**torreznos.**	*torréZnoss*
rognons au Jerez.	**riñones al jerez.**	*rrignonéss al HéRéZ*
salade russe.	**ensaladilla rusa.**	*é'nsaladilya rroussa*
thon séché.	**mojama.** (f.)	*moHama*
tripes.	**callos.** (m.)	*calyoss*
viande séchée et fumée.	**cecina.**	*ZéZina*

Au restaurant

Je voudrais réserver une table pour ce soir.
Quisiera reservar una mesa para esta noche.
quissiéRa rrésséRbaR ouna méssa paRa ésta notché

Pour 22 heures, pour quatre personnes, au nom de Pedro Angulo.
A las diez, para cuatro personas, a nombre de Pedro Angulo.
a lass diez paRa couatRo péRsonass a no'mbré dé pédRo a'ngoulo

Bonsoir, j'ai réservé une table.
Buenas noches, he reservado una mesa.
bouénass notchéss é rrésséRbado ouna méssa

CONVERSATION

Auriez-vous une table pour six personnes ?
¿Tendría una mesa para seis personas?
té'ndRia ouna méssa paRa séïss péRsonass

Avez-vous réservé ?
¿Tiene reserva?
tiéné rrésséRba

Je suis désolé, nous sommes complets.
Lo siento, estamos completos.
lo siénto éstamoss co'mplétoss

Il y a vingt minutes d'attente.
Hay veinte minutos de espera.
aï béï'nté minoutoss dé espéRa

Un menu de base se compose de *l'entrée*, **el primer plato**, d'un *plat de résistance*, **el segundo**, et du *dessert*, **el postre**. *La boisson*, **la bebida**, est presque toujours comprise. Vous pouvez aussi prendre plusieurs **raciones** en commun et les partager. *Le pourboire*, **la propina**, est habituel, à la discrétion du client.

Avez-vous un menu ?
¿Tienen menú?
tiéné'n ménou

Vous m'apportez la carte, s'il vous plaît ?
¿Me trae la carta, por favor?
mé tRaé la caRta poR faboR

Vous avez choisi ?
¿Han elegido?
*a'n élé**Hi**do*

Nous allons partager des entrées puis chacun prendra un plat.
Vamos a compartir unos entrantes y luego cada uno tomará un plato.
*ba**m**oss a co'mpa**R**tiR **ou**noss é'n**tra**'ntéss i lou**é**go **ca**da **ou**no toma**Ra** ou'n **pla**to*

Je vais prendre un menu. En premier, je prendrai..., et ensuite...
Voy a tomar un menú. De primero tomaré..., y de segundo...
*bo**ï** a to**maR** ou'n mé**nou** dé pRi**mé**Ro toma**Ré** i dé sé**gou**'ndo*

Qu'est-ce que vous allez boire ?
¿Qué van a beber?
*qué ba'n a bé**béR***

Je voudrais du poisson : que me recommandez-vous ?
Quisiera algo de pescado: ¿qué me recomienda?
*quissié**Ra al**go dé **pés**cado qué mé rRécomi**é**'nda*

Vous le préférez frit ou grillé ?
¿Lo prefiere frito o a la plancha?
*lo pRéfié**Ré f**R**i**to o a la **pla**'ntcha*

Quelle est la garniture ?
¿Qué guarnición trae?
qué gouaRnizio'n tRaé

CONVERSATION

Comment voulez-vous votre viande ?
¿Cómo quiere la carne?
*como quiéRé la **caR**né*

bleue	casi cruda	ca*ssi* c**R**ou*da*
saignante	poco hecha	**po**co étcha
à point	al punto	al **pou**'nto
bien cuite	muy hecha	moui étcha

Spécialités et plats traditionnels

La cuisine espagnole traditionnelle reste enracinée dans le terroir. Chaque région a ses spécialités, des **platos de cuchara** (littéralement "plats pour la cuillère") roboratifs.

- **La paella** est à l'origine un modeste plat paysan de la région de Valencia. L'authentique **paella valenciana** surprendra donc sans doute les étrangers avec ses haricots, verts et blancs, et son absence de fruits de mer.

- **El cocido madrileño**, *le pot-au-feu madrilène*.

- **La fabada asturiana**, sorte de *cassoulet*.

- **El gazpacho andaluz**, soupe froide méridionale à base de tomate, de poivron, de concombre et d'huile d'olive.

- **El lacón con grelos** en Galice (tranche de jambonneau aux feuilles de navet).

- **El cochinillo asado**, *le cochon de lait* de Segovie, qu'on découpe fondant avec le tranchant d'une assiette.

Au rayon douceurs, optez pour les excellents produits traditionnels :

- **los soplillos**, **buñuelos**, **rosquillas** ou autres *beignets* typiques de la Semaine sainte, gonflés de levure, symbole de l'Esprit saint ;

- **el arroz con leche**, *le riz au lait*, un peu liquide, avec son bâtonnet de cannelle ;

- **la crema catalana**, *la crème brûlée* ;

- **las torrijas**, sorte de *pain perdu* ;

- **las natillas**, *la crème renversée*.

Les fêtes de fin d'année sont l'occasion de déployer l'artillerie lourde : **los mazapanes**, *massepains*, les différents types de **mantecados**, bouchées dodues à base de saindoux et diversement parfumées, et **los polvorones**, semblables aux précédentes mais plus farineuses. Plus proches de ce qui se fait en France : le **Roscón de Reyes** de l'Épiphanie, un cousin de la *galette des Rois* provençale, avec des fruits confits et de la fleur d'oranger, et **el turrón**, génériquement *le nougat*. La grande distinction oppose le dur, **el turrón de Alicante**, et le mou, **el turrón de Jijona**, à base de miel, d'amandes, de sucre et d'œufs.

Vocabulaire des mets et produits

La boucherie

Commençons par **la carnicería**, *la boucherie*.

aile	el ala	él **a**la
blanc	la pechuga	la pé**tchou**ga
bœuf	la ternera	la té**R**né**R**a

CONVERSATION

côte d'agneau	**chuletita de cordero**	tchou**lé**ti**t**a dé co**R**dé**R**o
côte de bœuf	**chuletón** (m.)	tchoulé**to'n**
côte de porc	**chuleta de cerdo**	tchou**lé**ta dé **Z**é**R**do
cuisse	**el muslo**	él **mous**lo
dinde	**el pavo**	él **pa**bo
filet de boeuf	**solomillo de ternera**	solom**i**lyo dé té**R**né**R**a
filet de porc	**lomo de cerdo**	**l**omo dé **Z**é**R**do
lapin	**conejo**	co**n**é**H**o
lard	**tocino**	to**Z**ino
poulet	**pollo**	**po**lyo
steak	**filete**	fi**lé**té
steak haché	**carne picada** (f.)	**ca**R**né picada
veau	**ternera blanca** (f.)	té**R**né**R**a **bla'n**ca

La charcuterie, les abats

Au rayon *charcuterie* (**charcutería**), vous trouverez le meilleur jambon cru du monde, **el jamón ibérico pata negra**, provenant du très renommé **cerdo ibérico**, *porc ibérique*, ce porc aux pattes noires, nourri au *gland*, **la bellota**. Signalons la **casquería**, pour les amateurs d'*abats*.

boudin	**la morcilla**	la mo**R**Z**i**lya
cervelle	**los sesos**	loss **sé**ssoss
cœur	**corazón**	co**R**a**Z**o'n
foie	**hígado**	**i**gado
jambon	**jamón**	Ha**mo'n**
jambon blanc	**jamón de york**	Ha**mo'n** dé yo**R***
jambon cru	**jamón serrano/ natural**	Ha**mo'n sé**rrano natou**R**al
langue	**lengua**	**lé'n**goua
ris	**la molleja**	la mo**l**yé**H**a

rognons	riñones	rrignonéss
rognons blancs	criadillas (f.)	cRiadilyass
saucisse	salchicha	saltchitcha
saucisson	salchichón	saltchitcho'n
tranche de jambon	loncha de jamón	lo'ntcha dé Hamo'n
tranche de saucisson	rodaja de salchichón	rrodaHa dé saltchitcho'n

La poissonnerie

La pescadería, *la poissonnerie*, offre elle aussi mille merveilles.

Vous me donnez trois tranches de colin ?
¿Me da tres rodajas de merluza?
mé da tRéss rrodaHass dé méRlouZa

Vous pouvez me vider la daurade ?
¿Me puede limpiar la dorada?
mé pouédé li'mpiaR la doRada

Pour une friture, qu'est-ce que vous me conseillez ?
Para frito, ¿qué me aconseja?
paRa fRito qué mé aco'nséHa

anchois frais	boquerones	boquéRonéss
anchois en salaison ou en conserve	anchoa (f.)	a'ntchoa
cabillaud	bacalao fresco	bacalao fRésco
colin	merluza (f.)	méRlouZa
coques	berberechos (m.)	béRbéRétchoss
crevettes	gambas	ga'mbass
grosses crevettes / gambas	langostinos (m.)	la'ngostinoss

CONVERSATION

daurade	**dorada**	do**R**ada
homard	**bogavante**	boga**ba'n**té
huîtres	**ostras**	**ost**Rass
langouste	**langosta**	la'**ngos**ta
langoustines	**cigalas**	**Ziga**lass
maquereau	**caballa** (f.)	ca**bal**ya
merlan	**pescadilla** (f.)	pésca**dil**ya
morue	**bacalao** (m.)	bacalao
moules	**mejillones** (m.)	méHily**on**éss
poulpe	**pulpo**	**poul**po
rougets	**salmonetes**	salmo**nét**éss
sardines	**sardinas**	sa**Rdin**ass
saumon	**salmón**	sal**mo'n**
seiche	**sepia / jibia**	**sé**pia **H**ibia
sole	**lenguado** (m.)	lé'n**gouado**
thon	**atún**	a**tou'n**

Les fruits et légumes

Terminons notre petit tour du côté de **la frutería**, *le marchand de fruits*, et de **la verdulería**, *le primeur*.

abricot	**albaricoque**	albaRi**co**qué
ail	**ajo**	**a**Ho
amandes	**almendras**	al**mé'n**dRass
ananas	**piña** (f.)	**pi**gna
artichaut	**alcachofa** (f.)	alca**tchof**a
asperges	**espárragos** (m.)	és**parra**goss
aubergine	**berenjena**	béRé'n**Hén**a
avocat	**aguacate**	agoua**ca**té
banane	**plátano** (m.)	**plá**tano

carotte	**zanahoria**	*ZanaoRia*
cerise	**cereza**	*ZéRéZa*
citron	**limón**	*limo'n*
concombre	**pepino**	*pépino*
courgette	**calabacín** (m.)	*calaba**Zi'n***
champignons	**champiñones**	*tcha'mpi**gnon**éss*
châtaignes	**castañas**	*casta**gn**ass*
chou-fleur	**coliflor** (f.)	*coli**floR***
figue	**higo** (m.)	*igo*
fraise	**fresa**	***fRé**ssa*
framboise	**frambuesa**	*fRa'mbou**é**ssa*
haricots verts/ blancs	**judías** (f.) **verdes/ blancas**	*Houdiass **béR**déss **bla'n**cass*
laitue	**lechuga**	*lét**chou**ga*
légumes verts	**las verduras**	*lass béR**dou**Rass*
légumes secs	**las legumbres**	*lass lé**gou'm**bRéss*
lentilles	**lentejas**	*lé'n**té**Hass*
melon	**melón**	*mélo'n*
mûre	**mora**	*mo**R**a*
noisettes	**avellanas**	*abély**a**nass*
noix de coco	**coco** (m.)	***co**co*
noix	**nueces**	*nou**é**Zéss*
oignon	**cebolla** (f.)	*Zé**bo**lya*
olives	**aceitunas**	*aZéï**tou**nass*
orange	**naranja**	*na**Ra**'nHa*
pamplemousse	**pomelo**	*po**mé**lo*
pastèque	**sandía**	*sa'ndia*
pêche	**melocotón** (m.)	*mélocoto'n*
persil	**perejil**	*péRé**Hil***
petits pois	**guisantes**	*gui**ssa**'ntéss*
poire	**pera**	***pé**Ra*

poireau	**puerro**	*pouérro*
pois chiches	**garbanzos**	*gaRba'nZoss*
poivron	**pimiento**	*pimié'nto*
pomme de terre	**patata**	*patata*
pomme	**manzana**	*ma'nZana*
prune	**ciruela**	*Zirouéla*
raisin	**uva** (f.)	*ouba*
raisins secs	**pasas** (f.)	*passass*
tomate	**tomate** (m.)	*tomaté*

Façons de préparer les plats et sauces

Préparation des plats

Traditionnellement, on dit que dans le Nord de l'Espagne **se guisa**, dans le centre **se asa** et dans le Sud **se fríe** : respectivement, on cuisine *à la casserole*, *au four* et *en friture*. Voici quelques autres types de cuisson :

- **a la plancha**, *plaque métallique*, pour la cuisson sans corps gras des viandes, poissons et légumes ;

- **a la sal**, *en croûte de sel* ; s'utilise aussi bien pour les poissons que pour les rôtis ;

- **ahumado**, *fumé*, pour les poissons et charcuteries ;

- **al vapor**, *à la vapeur* ;

- **a la brasa**, *au feu de bois* ;

- **hervido**, *au court-bouillon* ;

- **asado**, *au four* ;

- **marinado**, génériquement, *mariné* ;

- **adobado**, mariné dans un mélange de vinaigre, d'ail, de sel, d'origan et de **pimentón**, une variété de *paprika fumé* qui donne aux **adobos** leur couleur rouge ;

- **en escabeche**, mariné dans un mélange d'huile, de vinaigre, de vin blanc et d'épices.

Les sauces

Côté **salsas**, vous pourrez goûter à quelques curiosités :

- **la salsa romesco**, typique de Catalogne, à base de tomates, d'ail, d'amandes et de **ñoras**, *poivrons rouges séchés* ;

- **el pil-pil**, qui accompagne **el bacalao** et **las gambas** : l'huile d'olive, l'ail et **la guindilla**, *le piment*, délicatement tournés pendant la cuisson de la morue ou des crevettes, « prennent » en une sauce relevée ;

- **el mojo picón** des Canaries, qui se fait au mortier, à base d'ail, de **guindilla**, de cumin, de **pimentón**, de vinaigre, d'huile et de sel.

Fromages

Vous trouverez sur place des **quesos de vaca**, *fromages de vache*, **de cabra**, *de chèvre*, et **de oveja**, *de brebis*. Côté affinage, il y en a aussi pour tous les goûts : **queso fresco**, *frais* ; **tierno**, *doux* ; **semi-curado**, *demi-affiné*, et **curado**, *affiné*. Au-delà, encore plus affiné, vous trouverez le **queso viejo**, littéralement "le fromage vieux". Le fromage espagnol le plus renommé est le **queso manchego**, *fromage de la Mancha*, une pâte pressée au lait de brebis, mais il y a une très grande variété régionale :

- **Roncal**, de Navarre, de la même famille que le précédent. Ces fromages vous seront présentés sous forme de fins triangles.

- **queso de tetilla**, de Galice, littéralement "de petit sein", de par sa forme conique. Fromage au lait pasteurisé de vache, doux, légèrement crémeux ;

- **Torta del Casar**, d'Extrémadoure : fromage pressé au lait de brebis, très typé. Il se présente sous la forme d'une galette de 7 centimètres de hauteur : on découpe le haut de la croûte et on tartine l'intérieur crémeux sur du pain ;

- **cabrales**, des Asturies : un bleu persillé qui s'annonce par son parfum spécial et dont on se souvient longtemps après l'avoir goûté ;

Boissons alcoolisées

Les vins espagnols s'exportent bien, leur qualité est reconnue et chaque région s'efforce de développer ses propres productions ; les amateurs auront donc le choix entre le **tinto**, *rouge* ; le **blanco**, *blanc*, ou le **rosado**, *rosé*.

Vous avez une carte des vins ?
¿Tiene carta de vinos?
*tiéné ca**R**ta dé **bi**noss*

Pourriez-vous m'apporter...	¿Me trae...	mé tRaé
un verre de... ?	una copa de... ?	**ou**na **co**pa dé
une demi-bouteille de... ?	media botella de... ?	**mé**dia bo**té**lya dé
une bouteille de... ?	una botella de...?	**ou**na bo**té**lya dé
une bière ?	una cerveza?	**ou**na Zé**R**bé**Z**a

Je vais manger du poisson : quel vin me recommandez-vous ?
Voy a comer pescado: ¿qué vino me recomienda?
*boï a co**meR** **pés**cado qué **bi**no mé rrécomié'nda*

Plusieurs indications peuvent vous aider : **la denominación de origen**, *l'appellation d'origine contrôlée* ; **la añada**, *l'année*, et la durée du processus de vinification. On distingue les **vinos de crianza**, les **reserva** et les **gran reserva**.

Signalons quelques vins à déguster à l'occasion : les **Rioja**, des rouges, dont la qualité est constante ; les **albariños** galiciens, blancs fruités qui accompagnent les fruits de mer ; et les originaux vins blancs de **Jerez**, **fino** ou **manzanilla** secs à l'apéritif, **amontillado** ou **oloroso** plus charpentés pendant le repas, et **Pedro Ximénez** doux en conclusion.

La cerveza, *la bière*, se boit en **caña** (verre de base, autour de 20 cl, parfois plus selon la générosité du tenancier) en **tubo** (verre plus haut) ou en **jarra**, *chope*. On la consomme aussi **sin alcohol**, *sans alcool*, ou **clara**, l'équivalent du *panaché*.

Un digestif ? Une liqueur ? Ici la mesure sera **el chupito**, mot à mot "la gorgée", un *petit godet*. Vous aurez le choix entre l'*eau-de-vie*, **aguardiente** ; le *marc*, **orujo**, ou la *liqueur*, **licor** (il y en a des dizaines, assez sirupeuses), etc. Au-delà, nous entrons dans le vaste monde des mélanges :
- **la sangría**, bien sûr : vin rouge, sucre, soda et fruits ;
- **la queimada** galicienne : eau-de-vie, sucre, citron et café, le tout flambé ;
- **el rebujito**, typique de Séville, manzanilla et soda ;
- **el cubata** en général, un alcool plus un soda ;
- **el calimocho**, pour les jeunes, vin et Coca-Cola…

CONVERSATION

Autres boissons

Signalons deux spécialités espagnoles : **la horchata** et **los granizados**. La première est faite à partir de lait de souchet, et servie glacée ; les **granizados** sont des jus de fruits sucrés ou aromatisés d'un sirop, mêlés à de la glace pilée.. Sur le même principe, vous pouvez aussi déguster les **granizados de café**.

Je vais prendre un(e)…	Voy a tomar un(a)…	boï a tomaR ou'n (ouna)
café arrosé.	carajillo.	caRa**Hil**yo
café avec du lait concentré.	bombón.	bo'm**bo'n**
café glacé.	café con hielo.	ca**fé** co'n i**é**lo
chocolat.	chocolate.	tchoco**la**té
eau minérale.	agua mineral.	agoua miné**Ral**
eau plate.	agua mineral sin gas.	agoua miné**Ral** si'n gass
eau gazeuse.	agua mineral con gas.	agoua miné**Ral** co'n gass
infusion.	infusión.	i'nfoussio'n
jus de fruit frais.	zumo natural.	**Zou**mo natou**Ral**
milk-shake.	batido.	ba**ti**do
rafraîchissement.	refresco.	rré**fRés**co
thé.	té.	té

↗ Achats et souvenirs

Magasins et services

Outre les grandes enseignes internationales, vous aurez aussi **Mercadona** (pour l'alimentation, prix intéressants), **Eroski** et, dans les grandes villes, **El Corte Inglés**, l'équivalent des grands magasins à la française. Pour l'alimentaire, le lieu le plus traditionnel reste **el mercado**, *le marché*, appelé aussi **la plaza**. Enfin, si vous préférez la proximité, vous opterez pour **la tienda de barrio**, l'irremplaçable *épicerie de quartier*.

Je cherche…	Estoy buscando…	*éstoï bousca'ndo*
un centre commercial.	un **centro comercial.**	*ou'n Zé'ntRo coméRZial*
une banque.	un **banco.**	*ou'n ba'nco*
une bijouterie.	una **joyería.**	*ouna HoyéRia*
un bureau de tabac.	un **estanco.**	*ou'n ésta'nco*
un cordonnier.	un **zapatero.**	*ou'n ZapatéRo*
une horlogerie.	una **relojería.**	*ouna rréloHéria*
un magasin.	una **tienda.**	*ouna tié'nda*
un magasin de sport.	una **tienda de deportes.**	*ouna tié'nda dé dépoRtéss*
un magasin de chaussures.	una **zapatería.**	*ouna ZapatéRia*
un magasin de fruits et légumes.	una **verdulería.** / una **frutería.**	*ouna béRdouléRia ouna fRoutéRia*
un fleuriste.	una **floristería.**	*ouna floRistéRia*
un kiosque.	un **kiosco.**	*ou'n kiosco*
une boulangerie.	una **panadería.**	*ouna panadéRia*
un glacier.	una **heladería.**	*ouna éladéRia*
une pâtisserie.	una **pastelería.**	*ouna pastéléRia*
une herboristerie.	un **herbolario.**	*ou'n éRbolaRio*

S'il y a la queue, respectez bien l'ordre de passage, car les Espagnols sont sourcilleux sur la question. **La vez**, c'est *le tour de passage*, et le mot donne lieu à des rituels bien établis : celui qui vient d'arriver **pide la vez**, *demande qui est le dernier*, et celui qui était le dernier à attendre **da la vez** (litt. "donne le tour").

CONVERSATION

Qui est le dernier ?
¿Quién es el último?
quié'n éss él oultimo

Je suis après qui ?
¿Quién da la vez?
quié'n da la béZ

Moi. Je suis le dernier/la dernière.
Yo. Yo soy el último/la última.
yo yo soï él oultimo la oultima

Autres situations et phrases courantes dans un magasin

Est-ce qu'on s'occupe de vous ?
¿Le atienden ya?
lé atié'ndé'n ya

Qu'est-ce que je vous sers ?
¿Qué le pongo?
qué lé po'ngo

Est-ce qu'il y a un vendeur au rayon musique ?
¿Hay algún dependiente en la sección de música?
aï algou'n dépé'ndié'nté é'n la sékZio'n dé moussica

Il est à quel prix, le raisin ?
¿Qué precio tienen las uvas? /¿A cuánto están las uvas? / ¿A cómo están las uvas?
qué pRéZio tiéné'n las oubass a coua'nto ésta'n lass oubass a como ésta'n lass oubass

Il n'est pas très cher.
Están muy bien de precio.
ésta'n mouï bié'n dé pRéZio

Il est un peu cher.
Están un poco caras.
ésta'n ou'n poco caRass

Mettez-m'en un kilo.
Póngame un kilo.
po'ngamé ou'n kilo

Autre chose ?
¿Algo más?
algo mass

Rien d'autre, merci.
Nada más, gracias.
nada mass gRaZiass

Ça fait 7,80 euros.
Son siete euros ochenta. / Son siete con ochenta.
so'n siété éouRoss otché'nta so'n siété co'n otchén'ta

Voici votre monnaie.
Aquí tiene su vuelta.
aquí tiéné sou bouélta

Livres, revues, journaux, musique

Les grands titres de la presse espagnole sont **El País** (centre gauche), **El Mundo** et **ABC** (conservateurs). Mais c'est la presse sportive qui compte le plus de lecteurs assidus : **Marca** et **As** (pro-Real Madrid), **Sport** et **Mundo deportivo** (pro-F.C.Barcelone). Pour la musique, attention à la distinction entre **tienda de música**, *magasin de matériel musical*, et **tienda de discos**, *magasin de disques*.

Pardon, est-ce qu'il y a...	Disculpe, ¿hay...	*discoulpé aï*
un kiosque à journaux dans le coin ?	**un kiosco de periódicos en esta zona?**	*ou'n kiosco dé péRiodicoss é'n ésta Zona*
une librairie par ici ?	**una librería por aquí?**	*ouna libRéRia poR aquí*
un magasin de disques pas trop loin ?	**una tienda de discos no muy lejos?**	*ouna tié'nda dé discos no moui léHoss*

Est-ce que vous avez...	¿Tiene...	*tiéné*
de la presse étrangère ?	**prensa extranjera?**	*pRé'nsa ékstRa'nHéRa*

CONVERSATION

des journaux en français ?	**periódicos en francés?**	*péRiodicoss é'n fRa'nZéss*
des revues françaises ?	**revistas francesas?**	*rrébistass fRa'nZéssass*
des cartes routières ?	**mapas (m.) de carreteras?**	*mapass dé carrétéRass*
des guides touristiques ?	**guías turísticas?**	*guiass touRisticass*
des bandes dessinées ?	**cómics? (m.) / tebeos? (m.)**	*comicss tébéoss*
des méthodes de langue ?	**métodos (m.) de idioma?**	*métodoss dé idioma*

Blanchisserie, teinturerie

Pouvez-vous me dire où il y a...	**¿Puede decirme dónde hay...**	*pouédé déZiRmé do'ndé aï*
une teinturerie ?	**una tintorería?**	*ouna ti'ntoRéRia*
une laverie automatique ?	**una lavandería automática?**	*ouna laba'ndéria aoutomatica*

Je vous laisse ces vêtements.
Le dejo esta ropa.
lé déHo ésta rropa

Ils seront prêts pour quand ?
¿Para cuándo estará lista?
paRa coua'ndo éstaRa lista

Ça ne pourrait pas être prêt un peu avant ? Je suis très pressé.
¿No podría estar lista un poco antes? Me corre prisa.
no podRia éstaR lista ou'n poco a'ntéss mé corré pRissa

Ils sont propres, ce serait juste pour un repassage.
Está limpia, sería solo para un planchado.
ésta li'mpia séRia solo paRa ou'n pla'ntchado

Vêtements et chaussures

Quelques mots pour se renseigner, demander un service, donner un avis.

Où se trouve le rayon...	¿Dónde está la sección de...	do'ndé ésta la sécZió'n dé
femmes ?	señoras?	ségnoRass
enfants ?	ropa infantil?	rropa i'nfa'ntil
hommes ?	caballeros?	cabalyéRoss

Où sont les cabines d'essayage ?
¿Dónde están los probadores?
do'ndé ésta'n loss pRobadoRéss

C'est trop grand/petit.
Me queda grande/pequeño.
mé quéda gRa'ndé péquégno

C'est un peu court/un peu long.
Queda un poco corto/un poco largo.
quéda ou'n poco coRto ou'n poco laRgo

Les manches sont trop longues, il faudrait raccourcir de quelques centimètres.
Las mangas me quedan muy largas, habría que meterles unos centímetros.
lass ma'ngass mé quéda'n moui laRgass abRia qué météRléss ounoss Zé'ntimétRoss

Quelle taille faites-vous ?
¿Qué talla usa? / ¿Cuál es su talla?
qué talya oussa coual éss sou talya

CONVERSATION

Je fais du 42.
Gasto una cuarenta y dos.
gasto ouna couaRé'nta i dos

Est-ce que vous faites les retouches ?
¿Hacen ustedes los arreglos?
aZé'n oustédéss loss arrégloss

Ça me serre.
Me aprieta. (chaussures)
mé apRiéta
Me queda muy estrecho/a. (vêtements)
mé quéda moui éstRétcho/a

C'est trop large.
Es demasiado ancho.
éss démassiado a'ntcho

Ça me fait mal.
Me hacen daño. (chaussures)
mé aZé'n dagno

Ça me va.
Me queda bien.
mé quéda bié'n

Ça ne me va pas du tout.
Me queda fatal.
mé quéda fatal

Pour terminer ce voyage au pays du textile, nous vous proposons un petit tour d'horizon des vêtements et accessoires.

bas	las medias	lass **médi**ass
baskets	deportivas	dépo**R**ti**b**ass
blouson	la cazadora	la ca**Z**a**do**Ra
bonnet	gorro	**go**rro
bottes	botas	**bo**tass
casquette	gorra	**go**rra
ceinture	el cinturón	él Zi'ntou**Ro'**n
chapeau	sombrero	so'mb**Ré**Ro
chaussettes	los calcetines	loss cal**Z**é**ti**néss
chaussures	los zapatos	loss za**pa**toss
... à lacets	... con cordones/ abotinados	co'n co**R**donéss abotinadoss
... à talons	... de tacón	dé ta**co'**n
... de plage	... de playa	dé **pla**ya
... de ville	... de vestir	dé bés**tiR**
... de sport	... deportivos	dépo**R**ti**b**oss
... en cuir	... de cuero	dé cou**é**Ro
... plates	... de tapa plana	dé **ta**pa **pla**na
chemise	camisa	ca**mi**ssa
... à manches courtes	... de manga corta	dé **ma'**nga **coR**ta
... à rayures	... de rayas	dé **rra**yass
... avec des motifs	... estampada	ésta'm**pa**da
... unie	... lisa	**li**ssa
chemise de nuit	el camisón	él cami**sso'**n
chemisier	la blusa	la **blou**ssa
collant	panty	**pa'**nti
costume	traje	t**Ra**Hé
cravate	corbata	co**R**ba**ta**

culottes	bragas	b**Ra**gass
écharpe	bufanda	bou**fa'n**da
espadrilles	alpargatas	alpa**Rga**tass
gabardine	gabardina	gaba**Rdi**na
gants	guantes	gou**a'n**téss
gilet	chaleco	tcha**lé**co
jeans	vaqueros	ba**qué**Ross
jupe	falda	**fal**da
maillot de bain	bañador	bagna**doR**
manteau	abrigo	a**bRi**go
moulant	ceñido	**Zé**g**ni**do
pantalon	pantalón	pa'nta**lo'n**
... d'hiver	... de invierno	dé i'n**bié**Rno
... d'été	... de verano	dé bé**Ra**no
... mi-saison	... de entretiempo	dé é'ntRétié'mpo
... en coton	... de algodón	dé algo**do'n**
... en flanelle	... de franela	dé fRa**né**la
... en laine	... de lana	dé lana
pull	jersey	**Hé**R**sé**ï
robe	el vestido	él **bés**tido
sandales	sandalias	sa'n**da**liass
short	pantalón corto	pa'nta**lo'n co**Rto
slip	calzoncillo	cal**Zo'n**Z**i**lyo
sous-vêtements	la ropa interior	la rropa i'nté**Rio**R
soutien-gorge	sujetador	souHéta**doR**
survêtement	chándal	**tcha'n**dal
tee-shirt	la camiseta	la cami**ssé**ta
velours	la pana	la **pa**na
veste	chaqueta / americana	tcha**qué**ta amé**Ri**cana

Bureau de tabac

Outre **los estancos**, *les bureaux de tabac*, il y a aussi des distributeurs dans les cafés pour acheter des cigarettes. Souvent, la machine comporte une sécurité : il faut donc s'adresser au serveur.

Je voudrais...	Quisiera...	*quissiéRa*
un paquet de cigarettes.	un paquete de cigarrillos.	*ou'n pa**qué**té dé Ziga**rri**lyoss*
un cigare.	un puro.	*ou'n **pou**Ro*
une cartouche de...	un cartón de...	*ou'n ca**Rto'n** dé*
du tabac pour pipe.	tabaco de pipa.	*ta**ba**co dé **pi**pa*
une boîte de cigares.	una caja de puros.	*ouna ca**Ha** dé **pou**Ross*
du tabac à rouler.	tabaco de liar.	*ta**ba**co de lia**R***
du papier à rouler.	papel de liar.	*pa**pél** dé liaR*
une boîte d'allumettes.	una caja de cerillas.	*ouna ca**Ha** dé Zé**Ri**lyass*
un briquet.	un mechero.	*ou'n mé**tché**Ro*

Photo

Je voudrais...	Quisiera...	*quissiéRa*
faire imprimer ces photos.	sacar unas copias de estas fotos en papel.	*sacaR ounass copiass dé éstass fotoss é'n papél*
une carte de 4 gigas.	una tarjeta de 4 gigas.	*ouna taRHéta dé cuatRo Higass*
des piles.	pilas.	*pilass*
des piles rechargeables.	pilas recargables.	*pilass rrécaRgabléss*

Est-ce que vous faites des tirages ?
¿Hacen revelados?
aZé'n rrébéladoss

CONVERSATION

Je voudrais un tirage sur papier brillant, mat, semi-mat.
Quisiera un revelado en papel brillo, mate, semi mate.
quissié**R**a ou'n rrébé**la**do é'n pa**pél bRi**lyo **ma**té **sé**mi **ma**té

appareil photo	la cámara	la **ca**ma**R**a
caméra	videocámara	bidéo**ca**ma**R**a
grand angle	gran angular	g**R**a'n a'ngou**laR**
objectif	objetivo	ob**H**é**ti**bo
trépied	trípode	**tRi**podé
lentille	lente	**lé'n**té

Mon appareil ne marche pas bien.
Se me ha estropeado la cámara.
sé mé a éstRopéado la **ca**ma**R**a

La mise au point est défectueuse.
No enfoca bien.
no é'n**fo**ca bié'n

Provisions

beurre	la mantequilla	la ma'nté**qui**lya
biscuits	las galletas	lass galy**é**tass
boîte de conserve	lata	**la**ta
bonbons	caramelos / chuches	ca**R**a**mé**loss **tchou**tch**é**ss
brosse à dents	el cepillo de dientes	él **Zé**pilyo dé di**é'n**téss
confiture	mermelada	mé**R**mé**la**da
couteau	cuchillo	cou**tchi**lyo
dentifrice	la pasta de dientes	la **pa**sta dé di**é'n**téss
déodorant	desodorante	déssodo**R**a'nté
farine	harina	a**R**ina

glace	el helado	él élado
glaçons	cubitos de hielo	coubitoss dé iélo
huile	el aceite	él aZéïté
lait	la leche	la létché
lames de rasoir	cuchillas de afeitar	coutchilyass dé aféïtaR
mouchoir	pañuelo	pagnouélo
moutarde	mostaza	mostaZa
œufs	huevos	ouéboss
olives	aceitunas	aZéïtounass
pain	pan	pa'n
... standard	... barra	barra
...de mie	... de molde	dé moldé
papier hygiénique	papel higiénico	papél iHiénico
parfum	perfume	péRfoumé
pâtes	pasta	pasta
peigne	peine	péïné
poivre	la pimienta	la pimié'nta
mascara	rímel	rrimél
riz	arroz	arroZ
rouge à lèvres	la barra de labios	la barra dé labioss
sandwich	bocadillo (pain normal) sándwich (pain de mie)	bocadilyo sa'ndouitch
savon	jabón	Habo'n
sel	la sal	la sal
serviette	servilleta	séRbilyéta
shampooing	champú	tcha'mpou
sucre	azúcar	aZoucaR
verre	vaso	basso
vin	vino	bino
vinaigre	vinagre	binagRé

Souvenirs

Les magasins spécialisés font la part belle aux savoureux produits alimentaires. Au gré des visites, l'artisanat local propose des produits originaux : **los cuchillos**, *les couteaux*, notamment ceux des coutelleries de Tolède et d'Albacete, **la alfarería** en général, *la poterie régionale*, ou encore **los abanicos**, *les éventails*, dont certains, magnifiques, sont faits main.

Je voudrais ramener un souvenir d'Espagne à des amis, que me conseilleriez-vous ?
Quisiera llevarles un recuerdo de España a unos amigos, ¿qué me aconsejaría?
quissi**é**Ra lyé**ba**Rléss ou'n rrécou**é**Rdo dé és**pa**gna a **ou**noss a**mi**gos qué mé aco'nséHa**Ri**a

C'est pour un cadeau, vous pourriez me l'envelopper ?
Es para regalo, ¿me lo podría envolver?
éss pa**Ra** rré**ga**lo mé lo po**dRi**a e'nbol**beR**

↗ Rendez-vous professionnels

Pour des missions ponctuelles, quelques formules de contact et un petit peu de lexique spécialisé vous tireront d'affaire.

Fixer un rendez-vous

Au téléphone, dans un cadre professionnel, vous pouvez dire :

Je voudrais un rendez-vous avec Monsieur Hernandez.
Quisiera una cita con el señor Hernández.
quissi**é**Ra **ou**na **Zi**ta co'n él sé**gnor** éRna'n**déZ**

Pourriez-vous me donner un rendez-vous avec Madame Salvatierra ?
¿Me puede dar una cita con la señora Salvatierra?
mé pouédé daR ouna Zita co'n la ségnoRa salbatiérra

le responsable du marketing	el responsable de marketing	él rréspo'nsablé dé maRkéti'n
le responsable de la comptabilité	el responsable de contabilidad	él rréspo'nsablé dé co'ntabilida^d
le directeur, la directrice des ressources humaines	el director, la directora de recursos humanos	él diRéctoR la diRéctoRa dé rrécouRsoss oumanoss
le chef de la maintenance	el jefe de mantenimiento	él Héfé dé ma'nténimié'nto
le directeur général	el consejero delegado	él co'nséHéRo délégado
la directrice générale	la consejera delegada	la co'nséHéRa délégada

Mardi à cinq heures, est-ce que cela vous convient ?
El martes a las cinco, ¿le viene bien?
él maRtéss a lass Zi'nco lé biéné bié'n

Parfait, eh bien, faisons comme ça !
Perfecto, ¡pues quedamos en eso!
péRfécto pouéss quédamoss é'n ésso

Visiter l'entreprise

atelier	taller	talyéR
bureau	la oficina	la ofiZina
chef	jefe	Héfé
cadre	ejecutivo	éHécoutibo
chaîne	cadena	cadéna

entrepôt	**almacén**	alma**Zé'n**
entreprise	**empresa**	é'm**pRé**ssa
filiale	**filial**	fili**al**
franchise	**franquicia**	fRa'n**qui**Zia
hangar	**la nave**	la **na**bé
intérimaire	**interino/a**	i'nté**Ri**no/a
ouvrier	**obrero / operario**	ob**Ré**Ro opé**Ra**Rio
personnel	**la plantilla**	la pla'**nti**lya
pme	**pyme (pequeña y mediana empresa)**	**pi**mé pé**qué**gna i **mé**diana ém**pRé**ssa
recherche et développement	**investigación y desarrollo**	i'nbéstiga**Zi**o'n i déssa**rro**lyo
siège	**la sede**	la **sé**dé
stagiaire	**becario / becaria**	bé**ca**Rio bé**ca**Ria
stock	**las existencias**	lass éksis**té'n**Ziass
stockage	**almacenamiento**	alma**Zé**namié'nto
unité de production	**planta**	**pla'n**ta
usine	**fábrica**	**fab**Rica

Vocabulaire de l'entreprise

achat	**compra** (f.)	**co'm**pRa
acheteur	**comprador**	co'mpRa**doR**
actionnaire	**accionista**	acZio**nis**ta
apprentissage	**aprendizaje**	apRé'ndi**Za**Hé
bilan	**balance**	ba**la'n**Zé
brevet	**la patente**	la pa**té'n**té
budget	**presupuesto**	pRéssoupou**és**to
cabinet conseil	**la asesoría**	la assésso**Ri**a
caisse	**caja**	**ca**Ha
chasseur de têtes	**cazatalentos**	caZata**lé'n**toss

chiffre d'affaires	**la facturación / el volumen de negocios**	*la factouRaZio'n él boloumé'n dé négoZioss*
chômage	**paro / desempleo**	***pa**Ro déssé'mpléo*
commande	**el pedido**	*él pédido*
concurrence	**competencia**	*co'mpété'nZia*
coût	**coste**	***cos**té*
créditer un compte	**abonar en cuenta**	*abonaR é'n coué'nta*
débiter un compte	**cargar en cuenta**	*caRgaR é'n coué'nta*
détaillant	**minorista**	*minoRista*
embaucher	**contratar**	*co'ntRataR*
encaisser	**cobrar**	*cobRaR*
fiche de paie	**nómina**	***no**mina*
fournisseur	**proveedor**	*pRobéédoR*
grossiste	**mayorista**	*mayoRista*
heure supplémentaire	**hora extra**	***o**Ra **éks**tRa*
investissement	**la inversión**	*la i'nbéRsio'n*
investisseur	**inversor**	*i'nbéRsoR*
licencier	**despedir**	*déspédiR*
montant	**importe**	*i'mpoRté*
non-paiement	**impago**	*i'mpago*
paiement	**pago**	***pa**go*
part de marché	**cuota de mercado**	*couota dé méRcado*
prêt	**préstamo**	***pRés**tamo*
retraite	**jubilación**	*HoubilaZio'n*
signer	**firmar**	*fiRmaR*
solde	**saldo**	***sal**do*
sous-traitant	**subcontratista**	*soubco'ntRatista*
sponsor	**patrocinador**	*patRoZinadoR*

Salons et expositions

L'**IFEMA** (**Institución Ferial de Madrid**) est le plus important organisateur de salons et expositions espagnol, et un des tout premiers en Europe : 200 000 m² de surface pour les exposants et un centre de conventions de 10 000 m² accueillent de nombreux événements, en particulier chaque année la très célèbre **FITUR** (**Feria Internacional del Turismo**).

allée	pasillo (m.)	pa*ssi*lyo
demande	demanda	dé**ma'n**da
échantillon	la muestra	la mou**é**stRa
exposition	el recinto ferial	él rré**Zi'n**to féRial
foire	feria	**fé**Ria
nouveauté	novedad	nobé**da**ᵈ
offre	oferta	o**fé**Rta
pavillon	pabellón	pabélyo'n
salon	salón	sa**lo'n**
stand	stand	ésta'nᵈ

↗ Santé

Chez le médecin, aux urgences

Si vous êtes ressortissant de l'Union européenne, la *Carte européenne d'assuré social*, la **Tarjeta sanitaria europea**, vous permettra d'être automatiquement pris en charge par le système public de santé espagnol, qui est totalement gratuit et très performant. Le **centro de salud** le plus proche se charge de la **atención primaria** : médecine générale et pédiatrie. Selon les cas, on vous traitera sur place ou vous enverra vers un spécialiste à l'hôpital. C'est là qu'on vous recevra aussi en cas d'urgence.

Où se trouve le centre de santé le plus proche ?
¿Dónde está el centro de salud más cercano?
*do'ndé ésta él **Zé'nt**Ro dé sa**lou**ᵈ mass **ZéR**cano*

J'ai besoin d'aller aux urgences. Où se trouve l'hôpital ?
Necesito ir a urgencias. ¿Dónde está el hospital?
*né**Zé**ssito iR a ouR**Hé'n**Ziass **do'n**dé ésta él ospi**tal***

Voici ma carte européenne d'assuré social.
Esta es mi tarjeta sanitaria europea.
*ésta éss mi taR**Hé**ta sani**ta**Ria éouRo**pé**a*

J'ai de la fièvre. Je pourrais voir un médecin ?
Estoy con fiebre. ¿Me podría ver un médico?
*és**to**ï co'n fi**é**bRé mé pod**Ri**a béR ou'n **mé**dico*

Quand est-ce qu'il pourra me voir ?
¿Cuándo me podrá atender?
*cou**a**'ndo mé pod**Rá** até'n**déR***

Symptômes

Je ne me sens pas bien.
No me encuentro bien.
*no mé é'ncou**é'n**tRo bi**é**'n*

Je suis...	Estoy...	éstoï
malade.	enfermo/a.	é'n**féR**mo/a
enrhumé(e).	constipado/a.	co'nsti**pa**do/a
	acatarrado/a.	acata**rra**do/a
	resfriado/a.	rrésf**Ri**ado/a
constipé(e).	estreñido/a.	éstRé**gni**do/a

Je me suis évanoui(e).
Me he desmayado.
mé é désmayado

J'ai la tête qui tourne.
Estoy mareado/a.
éstoï maRéado/a

J'ai des vomissements.
Tengo vómitos.
té'ngo bomitoss

J'ai du mal à respirer.
Me cuesta trabajo respirar.
mé couésta tRabaHo rréspiRaR

Je tousse beaucoup.
Tengo mucha tos.
té'ngo moutcha toss

J'ai des frissons.
Siento escalofríos.
sié'nto éscalofRioss

Je crois que j'ai de la tension/j'ai une baisse de tension.
Creo que tengo la tensión alta/baja.
cRéo qué té'ngo la té'nsio'n alta baHa

Douleurs et parties du corps

J'ai mal...	Me duele...	mé douélé
au bras.	el brazo.	él bRaZo
à la cheville.	el tobillo.	él tobilyo
au cou.	el cuello.	él couélyo
au dos.	la espalda.	la éspalda
à l'épaule.	el hombro.	él o'mbRo
à l'estomac.	el estómago.	él éstomago
au foie.	el hígado.	él igado
au genou.	la rodilla.	la rrodilya
à la gorge.	la garganta.	la gaRga'nta
à la jambe.	la pierna.	la piéRna
au pied.	el pie.	él pié
à la poitrine.	el pecho.	él pétcho
à la tête.	la cabeza.	la cabéZa

J'ai mal...	Me duelen...	mé douéle'n
aux articulations.	las articulaciones.	lass aRticoulaZionéss
aux oreilles.	los oídos.	loss oïdoss
aux reins.	los riñones.	loss rrignonéss

Je suis...	Soy...	soï
allergique.	alérgico/a.	aléRHico/a
asthmatique.	asmático/a.	asmático/a
diabétique.	diabético/a.	diabético/a
épileptique.	epiléptico/a.	épiléptico/a

Je suis cardiaque.
Tengo un problema de corazón.
té'ngo ou'n pRobléma dé coRaZo'n

Je me suis brûlé(e).
Me he quemado.
mé é quémado

Je me suis coupé(e).
Me he cortado.
mé é coRtado

Je me suis cassé...	Me he roto...	mé é rroto
un doigt.	un dedo.	ou'n dédo
la main.	la mano.	la mano
un bras.	un brazo.	ou'n bRazo
le nez.	la nariz.	la naRiZ
la jambe.	la pierna.	la piéRna
le poignet.	la muñeca.	la mougnéca
un os du pied.	un hueso del pie.	ou'n ouésso dél pié

J'ai des courbatures.
Tengo agujetas.
té'ngo agouHétass

J'ai une crampe.
Me ha dado un calambre.
mé a dado ou'n cala'mbRé

CONVERSATION

Santé de la femme

accouchement	parto	**paR**to
accoucher	dar a luz	daR a louZ
avortement	aborto	a**boR**to
avorter	abortar	aboR**taR**
contraceptif	anticonceptivo	a'ntico'n**Z**éptibo
cystite	cistitis	**Z**isti**t**iss
diaphragme	diafragma	diaf**Rag**ma
grossesse	el embarazo	él é'mba**Ra**Zo
pilule (du lendemain)	píldora (del día después)	**pil**doRa dél dia déspou**éss**
règles	la regla	la **rré**gla
tampons	tampones	ta'mpon**éss**

J'ai mes règles. Auriez-vous des comprimés pour la douleur ?
Estoy con la regla. ¿Tiene alguna pastilla para el dolor?
éstoï co'n la **rré**gla tiéné al**gou**na pas**til**va **pa**Ra él do**loR**

J'ai un retard de 2 mois.
Tengo un retraso de dos meses.
té'ngo ou'n rrét**Ra**sso dé doss **mé**ssess

Je suis enceinte.
Estoy embarazada.
éstoï é'mbaRa**Z**ada

Je suis enceinte de 6 mois.
Estoy de seis meses.
éstoï dé sé**ï**ss **mé**ssess

Soins médicaux

Ne vous inquiétez pas.
No se preocupe.
no sé pRéo**cou**pé

Il n'y a rien de grave.
No es nada grave.
no éss **na**da **gRa**bé

Il faut plâtrer.
Hay que poner una escayola.
aï qué ponéR ouna éscayola

Il faut faire...	Hay que hacer...	*aï qué aZéR*
quelques examens.	unas pruebas.	*ounass pRouébass*
quelques analyses.	unos análisis.	*ounoss analississ*
une radio.	una radiografía.	*ouna rradiogRafia*

Je vais...	Voy a...	*boï a*
vous prescrire des médicaments.	recetarle unas medicinas.	*rréZétaRlé ounas médiZinass*
vous envoyer chez un spécialiste.	dirigirle a un especialista.	*diRiHiRlé a ou'n éspéZialista*
vous ausculter.	reconocerlo/a.	*rréconoZéRlo/a*

Vous allez devoir...	Va a tener que...	*ba a ténéR qué*
garder le lit.	guardar cama.	*gouaRdaR cama*
vous faire faire des piqûres.	ponerse unas inyecciones.	*ponéRsé ounass i'nyékZionéss*
vous faire faire quelques soins.	hacerse unas curas.	*aZéRsé ounass couRass*
prendre un sirop.	tomarse un jarabe.	*tomaRsé ou'n HaRabé*
prendre des comprimés.	tomarse unas pastillas.	*tomaRsé ounass pastilyass*
vous faire opérer.	operarse.	*opéRaRsé*

Chez le dentiste

J'ai mal aux dents.	Me duelen las muelas.	*mé douélé'n lass mouélass*
J'ai un abcès.	Tengo un flemón.	*té'ngo ou'n flémo'n*
J'ai une carie.	Tengo una muela picada.	*té'ngo ouna mouéla picada*
J'ai perdu un plombage.	Se me ha caído un empaste.	*sé mé a caïdo ou'n e'mpasté*

CONVERSATION

Je vais devoir...	Voy a tener que...	boï a ténéR qué
vous arracher une dent.	sacarle una muela.	sacaRlé ouna mouéla
vous faire un plombage.	hacerle un empaste.	aZéRlé ou'n é'mpasté
vous dévitaliser une dent.	matarle el nervio.	mataRlé él néRbio
	hacerle una endodoncia.	aZéRlé ouna é'ndodo'nZia

Ouvrez la bouche !	¡Abra la boca!	abRa la boca
Rincez-vous la bouche !	¡Enjuáguese la boca!	é'nHouaguéssé la boca
Crachez !	¡Escupa!	éscoupa

Chez l'opticien

J'ai cassé mes lunettes.
Se me han roto las gafas.
sé mé a'n rroto lass gafass

J'ai cassé un verre.
Se me ha roto un cristal.
sé mé a rroto ou'n cRistal

J'aurais besoin de...	Necesitaría...	néZéssitaRia
lunettes de soleil.	unas gafas de sol.	ounass gafass dé sol
lentilles.	lentillas.	lé'ntilyass

Pourriez-vous...	¿Podría...	podRia
me mesurer la vision ?	graduarme la vista?	gRadouaRmé la bista
me montrer des montures ?	enseñarme unas monturas?	e'nségnaRmé ounass mo'ntouRass

Pharmacie

Pouvez-vous m'indiquer une pharmacie ?
¿Puede indicarme dónde hay una farmacia?
pouédé i'ndicaRmé do'ndé aï ouna faRmaZia

J'ai cette ordonnance.
Traigo esta receta.
*tRaïgo **é**sta rré**Z**éta*

Pourriez-vous me donner quelque chose pour...	¿Podría darme algo para...?	podRia **daR**mé **alg**o **pa**Ra
le rhume ?	el resfriado?	él rrésfRi**a**do
la toux ?	la tos?	la toss
la gorge ?	la garganta?	la gaR**ga**'nta
les brûlures ?	las quemaduras?	lass quéma**dou**Rass
les douleurs d'estomac ?	el dolor de estómago?	él do**loR** dé **és**tomago
la diarrhée ?	la diarrea?	la diarr**é**a
le mal de dents ?	el dolor de muelas?	él do**loR** dé mou**é**lass

Je voudrais...	Quisiera...	quissi**é**Ra
de l'aspirine.	aspirina.	aspi**Ri**na
quelque chose contre la fièvre.	un antitérmico.	ou'n a'ntit**éR**mico
un analgésique.	un analgésico.	ou'n anal**H**éssico
un antiseptique.	un antiséptico.	ou'n a'ntis**sép**tico
du coton.	algodón.	algo**do'n**
des pansements.	tiritas. (f.)	ti**Ri**tass
de la crème solaire.	protector solar. (m.)	p**R**oté**c**toR so**l**aR
du sparadrap.	esparadrapo.	éspaRa**dR**apo

CONVERSATION

Le don des langues

Rejoignez la communauté
des assimilistes sur Facebook

www.facebook.com/editions.assimil

- → actualités,
- → exclusivités,
- → concours,
- → histoire de la marque,
- → nouveautés,
- → extraits audio...

et sur les autres réseaux sociaux :

vimeo.com/assimil

soundcloud.com/assimil

twitter.com/EditionsAssimil

www.youtube.com/user/MethodeASSIMIL

Restez en contact avec la Newsletter Assimil
www.assimil.com

Index thématique

A
Abréviations **86**
Accident **84**
Accord **59**
Achats **132**
Administration **102**
Âge **65**
Alcool **130**
Allergies **112**
Amour **73**
Animaux **110**
Arbres **109**
Autocar **90**
Avion **88**

B
Banque **103**
Bateau **92**
Blanchisserie **115**, **136**
Boissons (alcoolisées) **130**
Boissons (non alcoolisées) **131**
Boucherie **123**
Bureau de tabac **141**
Bus **97**

C
Camping **108**
Change **88**
Charcuterie **124**
Chasse **107**
Chaussures **137**
Chemin (demander son ~) **96**
Chômage **68**
Cinéma **104**
Cocktails typiques **131**
Coiffeur **104**
Commerces **133**
Concert **104**
Contraception **152**
Corps **150**
Courses (shopping) **132**
Cuisine traditionnelle **122**
Culture **98**, **104**

D
Date (dire une ~) **78**
Dentiste **153**
Désaccord **59**
Deux-roues **93**
Draguer **73**

E
Emploi **67**
Entreprise **145**
Études **68**
Expositions (arts) **98**
Expositions (parc des ~) **148**

F
Famille **65**
Fériés (jours ~) **82**
Fêtes **82**
Fromages **129**
Fruits **126**

G
Garde civile **102**

H
Hébergement **113**
Heure (dire l'~) **77**
Hôtel **113**

I
Insectes **111**
Internet **102**
Invitation **72**

J
Jour (les ~s de la semaine) **79**
Journée (moments de la ~) **82**

K
Kiosque à journaux **135**

L
Langue **61**
Légumes **126**
Légumes secs **127**
Librairie **135**
Loisirs **105**

M
Magasins **132**
Médicaments **155**
Métro **97**
Mois (les ~ de l'année) **79**
Monnaie (menue ~) **93**
Montagne **107**
Monuments historiques **99**
Musées **98**
Musique **135**
Moto **93**

N
Nom **63**
Note (régler la ~) **117**

O
Opinions **71**
Opticien **154**
Origine **64**

P
Paiement (moyens de ~) **117**
Panneaux **84**
Panne (en cas de ~) **84**
Passeport **87**
Payer (une course de taxi) **92**
  (régler la note) **117**
Pêche **107**
Pèlerinage **105**
Petit-déjeuner **115**
Pharmacie **154**
Photo **141**
Piscine **107**

Plage **108**
Plantes **109**
Poissons (cuisine) **125**
Police **102**
Poste **99**
Pourboire **92**, **120**
Prénom **63**
Présentation **63**
Profession **67**

Q
Questions **59**

R
Randonnée **105**
Religion **69**
Remercier **61**
Rencontre **62**
Rendez-vous (amical) **72**
Rendez-vous (professionnel) **144**
RENFE (compagnie des chemins de fer) **90**
Restaurant **119**

S
Saisons **82**
Saluer **57**
Santé **148**
Santé (femme) **152**
Sauces (spécialités) **128**
Sexe **76**
Sigles **86**

Souvenirs **144**
Spécialités culinaires **122**
Stage **68**
Station-service **94**
Symptômes **149**

T
Tapas **117**
Taxi **92**
Téléphone **100**
Temps (climat) **70**
Temps (horaires, dates) **77**
Théâtre **104**
Train **90**
Tutoiement **62**

U
Urgence (problème) **83**
Urgences (hôpital) **148**

V
Vélo **93**
Vêtements **137**
Viande **123**
Vin **130**
Voiture (incidents, accidents) **84**
Voiture (location) **93**
Voiture (circulation) **94**
Vol (de papiers, d'argent, etc.) **102**
Vouvoiement **62**
Voyage **87**

Espagnol - N° édition : 4305
Achevé d'imprimer en octobre 2023
Imprimé en Pologne